9 781960 466228

עידן הדלי / גלי לוסי

עידן הדלי
גלי לוסי
The Aquarius Age
Gali Lucy

עיצוב כריכה: יאיר וינר
תמונות, איורים ועטיפת שער:
Pixabay.com, 123rf.com, Just color.net

כל הזכויות שמורות למחברת www.Gali4u.com ©
מהדורה ראשונה 2018 / מהדורה שניה 2021

אין להעתיק, לשכפל, לצלם, להקליט, לתרגם, להפיץ או לאחסן ספר זה או
קטעים ממנו בשום צורה שהיא מכנית, אופטית, אלקטרונית או אחרת.
שימוש מסחרי מכל סוג שהוא בחומר הכלול בספר זה אסור בהחלט אלא
ברשות מפורשת בכתב מהמחברת.

הספר משקף את דעותיה וניסיונה של המחברת, אין המחברת מציגה
ומציעה את הספר לקוראים כמרשם רפואי או טיפולי מכל סוג שהוא. כל
האמור בספר זה הינו רק המלצה ודעה אישית של המחברת. במקרה של
בעיה רפואית, נפשית או פסיכולוגית- יש לפנות לייעוץ וטיפול אצל הגורם
המתאים.

ISBN-13: 9781960466228

עידן הדלי

גלי לוסי

מסר מהבריאה 1

״אדם לאדם ידאג והייתם כאחד

ואספתיכם מכל קצוות תבל.

מאשפתות הרימותי נשמותיכם,

להוליך אתכם מן האבדון והייאוש,

בידע קדום - אל תיקון עולם.

תום וטוהר יטהרון נפשותיכם הצמאות.

להכינכם לבאות, ללמדכם את הסודות

ולהתאחד כנשמות.

באחרית הימים, שטפתי את פניכם בים גועש,

רעידות ובאותות.

ספר זה הוא מסר לדורות, הכילו את דבריי,

אין כועס , זועם או מעניש - כולי מואר באהבה״.

התקבל בתקשור מישויות הבריאה.

בקשתי מאלוהים: ״תן לי הכל - כדי ליהנות מהחיים״.

ואלוהים השיב: ״נתתי לך את החיים - כדי ליהנות מהכל״ / עממי

מסר מהבריאה 2

"אתם היקרים,

אשר מבקשים לקבל עזרה והכוונה בחייכם

ולהבין את המשך דרככם, הקשיבו לנשמתכם.

לכו אל האדם החכם והשקט, שאינו מתהלך בהדר

ואינו נמצא בבתי תפילה ומתחמי פאר.

אתם היקרים, תגיעו אליו מפה לאוזן,

השכילו ולכו אל הצנועים והשקטים.

דברי חוכמת שמים נאמרים בשקט, בהומור ובחיוך

ללא איומים והפחדות,

לא בכוח ולא בחיל, אלא ברוח, אני ה'..."

"שפע מקבע - מחסור מניע"

התקבל בתקשור מישויות הבריאה.

תוכן עניינים

11	**אודות**
18	**מבוא**
27	**פרק 1 - אודות העידנים**
41	**פרק 2 - עידן הדגים**
46	**1. עידן הדתות** אמונה בחומר וכפיה דתית
50	**2. דגים: מזל המים** המצאות בשימוש נוזלים
53	**3. עידן הגבר** כוח יחידני שולט
56	**4. עידן ההשכלה והמדע** שיטות חינוך קפדניות ממשלתיות
58	**5. פיתוח האומנות והתרבות** עיצוב, אסתטיקה ותרבות צריכה בזבזנית
61	**6. ספורט תחרותי** תחרויות, פרסים והאדרת האגו
63	**7. הזנת המונים** אכילת בעלי חיים ומזון מתועש
66	**8. זיהום הסביבה** הרס וריקון מאגרי הטבע
68	**9. כסף, כוח ושחיתות** עושר עולמי בידי יחידים
69	**10. נושאים נוספים** שפות, גבולות, נשק וחיסונים
71	**פרק 3 - עידן הדלי**
75	**1. ביטול הדתות לטובת אמונה חופשית** וביטול תחרויות

2. **דלי: מזל האוויר** 80
המצאות בתנועת אוויר, גז ואנרגיה

3. **אחדות וחופש האדם** 83
שלום עולמי נטול ממשלות מושחתות

4. **עידן האישה** 90
הנהגה והעצמה נשית

5. **חשיפת האמת ועשיית צדק** 95
קארמה מיידית

6. **אנגלית שפה בינלאומית אחת** 98
לכלל האזרחים

7. **סחר חליפין** 99
מעבר משכירים לעצמאים

8. **איכות הסביבה** 101
ניקוי ושמירה על הטבע

9. **אכילה בריאה** 109
צמחונות, טבעונות וגידול עצמי

10. **רישיון מסוגלות הורית** 115
דילול אוכלוסיה

11. **השכלה, ידע וחינוך** 123
מהפכת הלימוד העולמי

12. **רפואת העתיד** 129
ריפוי טבעי ומכשור טכנולוגי חדשני

פרק 4 - השוואה בין עידן הדגים לעידן הדלי 138

תודה שהגעתם לספר הזה כי אין מקריות! הספר התקבל בתקשור והוקלד ישירות למחשב בלשון זכר וממוען לגברים ונשים כאחד.

אל תאמינו לספר זה אלא חקרו וצרו אמת משלכם, כי אין אמת אחת, לכן גלו גמישות מחשבה יחד עם התובנות והידע שבספר זה:

- **2 חוקים מחוברים:** 1) חופש בחירה 2) הכל חוזר לשלוח.
- **שפע מקבע – מחסור מניע.**
- **אלוהה= יחיד, אלוהים= רבים.** הבריאה תעניק תמיד אפשרות לבחור, לכן אלוהים לא יכול להיות אחד, אתם אומרים אלוהים אדירים ולא אדיר. אלוהים לא טועה כשהוא בורא.
- **לעולם לא היתה או תהיה אמת אחת, כי זה נוגד את חופש הבחירה.** אמת אחת היתה מונעת ממכם לחשוב אחרת. גבשו דעה משלכם, כפי שספר זה מהווה דעה נוספת ואל תלכו שבי אחר אחרים כי נולדתם להיות מקוריים, להמציא ולברוא.
- **הבריאה העניקה לכם את האפשרות לשקר** כדי לאפשר לכם חופש ובחירה, בתנאי שאינכם מציירים נזק לאחר. אמירת האמת מבטלת את חופש האדם להמציא וליצור, כי אם לא הייתם יכולים לשקר: חייכם היו משעממים, אחרת לא היו סרטים, הצגות או ספרים. השקר הוא חיוני וטוב שיוצר דינמיקה מופלאה אינסופית.
- **כולכם אורחים לרגע על פני האדמה,** דבר לא היה ולא יהיה שלכם לעולם מלבד חופש בחירתכם, אפילו נשמתכם אינה שלכם כי היא מושאלת לכם מהבריאה לצורכי תיקון.
- **אי אפשר למות.** במקור הנכם כדורי אור (רוח) ואינכם ניתנים להשמדה. נולדתם לתקן ולברוא את עצמכם מחדש, במעשיכם אתם מעידים על טיבכם ועל טיב האלוהים/ הבריאה.

אודות

בת מזל דלי, איני דתיה מטעמי חופש האדם. דת עוסקת בחומר, לכן אינה רוחניות. בתקופת ילדותי בשנות ה-70 מתוך מחסור כלכלי למדתי לעצב, לצייר ולהכין בעצמי בובות ומשחקים. לימים גליתי, כמה מחסור כספי זה הכרחי כדי שאוציא מבפנים כישרון חבוי שהועיל ועזר לי בהמשך חיי, בלימודיי ובמקומות עבודה כאחראית האמונה על סדר ועיצוב. בדיעבד הבנתי: 'שפע מקבע- מחסור מניע' והכל משתבש לטובת האדם. התחלתי לתקשר מגיל 6, שאלתי שאלות ומיד התקבלו בראשי הסברים ותשובות, דרך קול פנימי שדיבר ומדבר אלי מאז ועד היום. בדיעבד חשבתי שכך מתנהלים חיי כל הילדים, שכולם שומעים קולות ומחשבות בראש, רואים ומדברים עם ישויות ונפטרים, אך התבדתי עם הזמן כשגליתי שאני היא והיוצאת מהכלל !

בזכות עולם הרוח תמיד חשתי מוגנת ולא היה מי שיעצור או יערער את אמונתי. עולמי הפנימי עשיר, כך אין בי צורך להקיף עצמי באנשים רבים, איני בודדה אלא מלווה בישויות, חוצנים ומדריכים.

מתקשר = איש רוח, אדם המתקשר עם הבריאה <u>ונעזר בכלי עזר</u>, כגון: קלפים, מפות, מספרים, מטוטלת, קפה, אבנים, שמן וכו׳.

מדיום = איש רוח, בעל יכולת לתקשר עם הבריאה בעזרת הראש, מקרוב ומרחוק <u>וללא כלי עזר</u>, אלא על ידי הפעלת כל עשרת החושים, ניצול סלילי הדנ"א, חישה ותקשורת עם תדרים של כל הקיים סביב.

המדיום אינו מודע להיותו כזה - עד שלא נאמר לו שהוא כזה דרך משוב חוזר מאחרים, בכך שהחיזוי שניתן להם - אכן התממש בפועל.

מדיום איננו מקצוע נרכש או נלמד. לכל בני האדם יכולת תקשור מובנית הנמצאת בחוש האינטואיציה המכיל את עשרת החושים:

חמישה חושים ארציים: חוש השמיעה, חוש הראייה, חוש הטעם, חוש הריח, חוש מישוש.

ועוד חמישה חושים על ארציים: שמיעה על חושית, ראייה על חושית, טעם על חושי, ריח על חושי ומישוש על חושי.

עידן הדלי המתקן מחזיר אותנו אל הטבעי והבריא, לכן בעזרת שימוש בעשרת החושים וחידוד האינטואיציה/תקשור, יוכלו בני האדם לשוב ולהשתמש במרבית 12 סלילי הדנ"א. יכולת תקשור יכולה להתפתח אצל כל אדם בהתאם: לידע שהביא מגלגוליו הקודמים, לייעוד, לקארמה, להתפתחות רוחנית, לרמת האגו, לפחד וההארה של האדם.

אירועים מיסטיים בחיי

גיל 12

סוף יום לימודים קייצי. בדרכי הביתה ניגש אלי גבר וביקש שאתלוה אליו בטענה כי לא ידע את הדרך אל השוק. נתתי לו את ידי והתחלנו ללכת, אך בהבזק של שנייה הבנתי שעשיתי טעות והתפללתי לעזרה. לפתע הגיחה בת כיתתי מאחורנו והפרידה בנינו, הגבר נמלט והבנתי שניצלתי ממוות. מאז קיים בי רצון לעזור במקרי פשע בלתי פתורים.

גילאי 20

בעקבות מסר שקבלתי, החלטתי להתפטר ממקום עבודתי בו עבדתי שנים. סיפרתי למנהל המחלקה על החלטתי לפרוש, על הצפוי לקרות בחברה, על פיטוריו לאחר שאפרוש וכמוכן על סגירת המחלקה. הוא לא האמין, אך זמן קצר לאחר שעזבתי - כל שחזיתי התממש!

השליח

בעודי אוכלת במסעדה והבחנתי בזקן לבוש בגדים בלויים הנצמד לחלון הראווה של המסעדה ומתבונן בסועדים. ניגשתי אליו והנחתי שטר בידו. הוא החזיר את השטר לידי ואמר שאינו מעונין בכסף אלא בארוחה וסרב להיכנס, לכן יצאתי והגשתי לו את הארוחה. האיש נישק את כף ידי ולקח את האוכל וכשהסתובבתי לרגע לאחור הוא נעלם! חשתי כי היה הוא שליח שנשלח מהבריאה לבחון את תגובתי.

מפגש עם חוצנים

התעוררתי בלילה משינה כשגופי משותק פרט לעפעפיי. בפתח דלתי עמדו שני חוצנים. הם נראו כמו בסרטים: גבוהים מגובה בני אדם, ראש אגס הפוך, עיני חתול גדולות ללא ריסים, פה ואף קטנים. לא חשתי פחד, שוחחנו טלפתית והשאלה הראשונה ששאלתי אותם:

"למה לקח לכם כל כך הרבה זמן להגיע אלי? מגיל קטן אני מחכה" והם ענו: *"אנו כאן כל הזמן - זו את, שלא היית מוכנה"*.

גופי התרומם מהמיטה כשפניי אל הרצפה, נלקחתי דרך חלון חדרי אל תוך חללית במלאה חלונות קטנים ומוארים, כשזכור לי המבנה של רצפת החללית.

טופלתי על גבי מיטת טיפולים עשויה נירוסטה ולאחר מכן זכרוני נמחק. התעוררתי בבוקר בחדרי עייפה מאד, מאז קבלתי את היכולת לאבחן ב׳ראיית הרנטגן׳ מקרוב ומרחוק.

חוויה חוץ גופית

התעוררתי משינה משותקת מבלי יכולת לזוז פרט מלעפעף. על הקיר ממולי ראיתי סרט מצלמה ובו שלוש תמונות. הנשמה שלי יצאה מבית החזה והפכה ליונה.הנשמה נכנסה לתוך התמונה הראשונה, יצאה ונכנסה לתמונה השניה וכך עם התמונה השלישית.

בכל תמונה ראיתי אותי בתקופת זמן, מראה, שפה ודמות שונים. עד אשר שבה נשמתי לבית החזה, סרט המצלמה נסגר והפך לנקודת אור שהפכה לספירלה שהופיעה מולי, נעה לאט כשבתוכה התעופפו מלאכים קטנים, כתינוקות שמנים ערומים בעלי כנפיים (נטולי אברי מין) כשברקע מוסיקת נבל וחליל, עד שהספירלה נעלמה בהדרגה.

גילאי 30: טיול ללונדון

במהלך הפלגה על נהר התמס, עצמתי את עיניי וראיתי חיזיון מהעבר כשכל העיר עולה באש. לאחר ההפלגה גליתי על 'השרפה גדולה', שפרצה בזדון בלונדון בשנת 1666 (666 שטן) ובשנת 1212 (6).

ביום הולדתי בקרתי בבית כלבו גדול ברחוב אוקספורד. התברר למוכר הישראלי מחברתי לטיול שאני מדיום, המוכר התעקש לקבל מסר, קיבל והופתע מהדיוק. הוא ביקש שאעלה לקומה העליונה בבית הכלבו כדי לתקשר לעובדים הישראלים והמקומיים. לאחר כשעה מצאתי את עצמי מתקשרת לעובדי החנות שהיו המומים מהדיוק במסרים והאבחון הרפואי שניתן להם.

ביציאתנו מהחנות, בקשתי מחברתי לעצור ולהביט במסר שאמור להגיע מהשמים, לפתע הגיח מטוס וסימן פס ברקיע.

האישה בשחור

התחלתי לערוך תקשור לאישה מבוגרת בעלת מראה קודר שהתלוננה כי טרם חוותה אהבה. דמיינתי סביבי חומות הגנה והבחנתי ששוכנת בתוכה ישות זכרית שטנית. אמרתי לישות: *"מה באת לחפש אצלי? אני מוגנת ומוארת ולא תוכל להזיק לי".*

האישה החלה לקלל. פתחתי את הדלת, ביקשתי ממנה לעזוב מבלי לשלם וטהרתי את הבית. לאחר כשעה הרחתי ריח שריפה, הרמתי ראשי ולהבת אש יצאה מקודקוד ראשי. כביתי את האש, להפתעתי ראשי ושיערי לא נפגעו, מיד זימנתי הגנה. בדמיוני איגדתי בין כפות ידיי 'כדור אור' שנשלח ממנה ושלחתי אותו בחזרה אליה. קבלתי מסר: *"כל אשר נשלח - יוחזר לשולח. באנו חושך לגרש, בידינו אור ואש.."*. הבנתי, שכל אדם הוא בעצם קוסם, ברגע שדמיינת- יצרת.

גילאי 40: מפגש עם השטן

במהלך קריאת ספר רוחני כלשהו עלו בי ספקות וכעסים על כך שתוכן הספר ממקור אפל ורציתי לכתוב את דעתי עליו בספרי הראשון. הנחתי הספר על השידה לצד המיטה ושקעתי בשינה עמוקה כשאני שוכבת על הצד. לפתע חשתי משותקת והרגשתי שמישהו כרע ברך על המזרן מאחורי גבי ויצר שקע במזרן. דמות שחורה התרוממה מעלי, בעלת ראש של שור עם קרני זהב עבות, היה זה השטן, הוא הפעיל לחץ על זרועי הימנית וחשתי כאב מתגבר, דופק ליבי דהר והוא לחש:

" אַל לך לכתוב בספרך את שתכננת או להכפיש את שמי. גם לי יש מקום של ביקום כדי שלאפשר זכות בחירה. לעולם לא תפרסמי את שם הספר שקראת או תכפישי את שמי ואם כן- אבקרך שוב... ואם אני כבר פה, בואי ניראה כמה כוח יש לך ".

הוא החל להפעיל כוח עצום על זרועי הימנית. מתוך בטני התערבל ׳כדור אור׳ שטיפס עד לבית החזה ונכנס לזרועי הימנית, שהתרוממה והעיפה אותו מעלי. הוא התפוגג ברגע באוויר ובראשי התנגן שיר: *״באנו חושך לגרש, בידינו אור ואש..״.*

החלטתי לספר על המפגש הזה כדי להמחיש שהשטן קיים ותפקידו הכרחי: **1)** אין רע אלא אגו **2)** הכל יחסי ומתקיים בזוגות: זכר ונקבה, יום ולילה, חושך ואור, שטן ומלאך, גיהינום וגן עדן, שקר ואמת. במטרה לאפשר בחירה חופשית לכל צורות החיים **3)** היקום מתקיים באפלה ונקודות האור הבודדות מאפשרות לאנושות לגלות את הקיים.

מות אמי

כחצי שנה לפני מות אמי חלמתי חלום ובו חזיתי את מותה הצפוי בשעה חמש באחד מימי סוף השבוע. לא שיתפתי כדי לא להבהיל. האמנתי שכל מה שצריך לקרות יקרה. ביום שישי בשעה 17:00 בערב (המספר חמש בחלום) הלכה אמי לעולמה.

בשעה 16:00 בדרכי נוהגת לביה״ח, דברה אמי בראשי: *״באתי להיפרד ממך ובחרתי ללכת עכשיו, יום שישי אחה״צ, כשהכבישים ריקים מכיוון שאת לא אוהבת כבישים עמוסים״.* בקשתי שתחכה, אך היא מסרה שחייבת לעזוב בשקיעה והעבירה לי מסרים אודות אחרים.

הגעתי לביה״ח ורצתי לחדרה, הנוכחים בחדר בישרו כי נפטרה כשנהגתי. אמי שכבה במיטה נינוחה ומנותקת מכל מכשור רפואי, כשבעיני-רוחי ראיתיה עומדת בריאה, ללא מכאוב ומאושרת, היא היתה עם קרוביה שנפטרו והגיעו ללוות אותה בדרכה למנהרת האור.

שמחתי, נשקתי ונפרדתי מגופתה. מצאתי את עצמי בחדר ביה״ח בו נפטרה, מעבירה מסרים ממנה אח הנוכחים בחדר, שהיו המומים.

כשנלקחה גופת אמי מהחדר, נופפתי אליה דומעת, נפרדת מגופה בפעם האחרונה ויודעת שתמיד אוכל לשוחח עמה כשארצה.

כללי

קבלתם מאלוהים את היקר ביותר - חופש בחירה!

קבלתם מהוריכם את היקר ביותר - חיים! החיים וחופש הם קדושים. חומר לעולם לא יהיה קדוש לכן דתות אינן קדושות. אי אפשר למות, הנכם רוח המגולמת בתוך גוף חומר זמני, כדי להעיד על טיב הרוח וטיב האלוהים. גליתי בהיפנוזה שהגעתי מאי שם בעתיד, כדי להסיר פחד, להעניק תקווה, עידוד והסבר אודות כניסת עידן הדלי.

<u>שואלים אותי:</u> מהי שיטת התקשור שלי ואיך ניתן להגיע לרמת תקשור גבוהה מבלי להיעזר בכלים, קלפים, מפות, מספרים וכו׳? <u>תשובתי:</u> אין שיטה, לא למדתי תקשור ואין אנשים בעלי כוחות על אנושיים אלא אנשים חסרי פחד ועם ידע עשיר מגלגולים קודמים.

למשך אלפי שנים בני האדם הופחדו ואיבדו את מרבית יכולתם הטבעית לתקשר בשימוש עשרת החושים ו-12 סלילי הדנ״א. כמדיום אני מקבלת תקשורת טלפתית מישויות הבריאה. אני לא שומעת קולות במימד הפיזי אלא מקבלת בראשי מחשבות, חזיונות, מראות, מסרים, פרטים, מספרים, אותיות, שמות וחשה את התדרים.

עם כניסת עידן הדלי הרוחני המתקן, יזכרו בני האדם ביכולתם טבעית לשימוש בכלי האינטואיציה ללא פחד. הנני משמשת צינור להעברת מידע מעולם הרוח אל עולם החומר.

פחד נובע - מחוסר ידע.. ידע זה כוח - שמגרש פחד׳.

אם תדעו - לא תפחדו.

מבוא

ספר זה כשאר ספריי, התקבל בתקשור מישויות הבריאה והוקלד ישירות אל המחשב.

הספר נכתב בהמשך לספרי הראשון 'בריאה אלוהית': בו תובנות והסברים על בריאת האדם ותכלית האנושות. ספרי השני 'העתיד': מחקר אסטרולוגי- נומרולוגי עם הסברים על מחזוריות 12 העידנים של גלגל המזלות, אשר המשפיעים על כל צורות החיים בכוכב הארץ.

אין מקריות, לכל פעולה מטרה נסתרת. אירועים על פני כוכב הארץ אינם מקריים, אלא הכל פועל ליישום תכנית הבריאה בסבב מחזורי אסטרולוגי-נומרולוגי של 52 שנה. כאשר גלגל המזלות מוקרן כראי, לכן הגלגל נע <u>אחורה</u> מהסדר אליו אנו מורגלים באסטרולוגיה, זו הסיבה שלאחר עידן הדגים יחל עידן הדלי (ולא הטלה).

עידן אורך - 2106 שנים.

קרני עידן - אורכות 468 שנים.

בין העידנים חופפות 'קרני עידן' למשך 468 שנים המבשרות על בוא העידן. השינוי יעשה תמיד דרך כאוס, מהפכות, מלחמות ואסונות טבע, *"תחילתה של כל יצירה - בכאוס תחילה"*.

קרני עידן הדגים הכוחני וההרסני, החלו בשנת 468 לפני הספירה. עידן הדגים החל בשנת 0, כשישו(ע) הגיע להארה בגיל עשר, וידעך בכאוס כדי לברוא את כניסת עידן הדלי שיחל רשמית בשנת 2106.

קרני עידן הדלי החלו בשנת 1638 לספירה. עידן הדלי יחל רשמית בשנת 2106 וימשך עד לכניסת עידן הגדי בשנת 4212. (כמפורט בספרי 'העתיד').

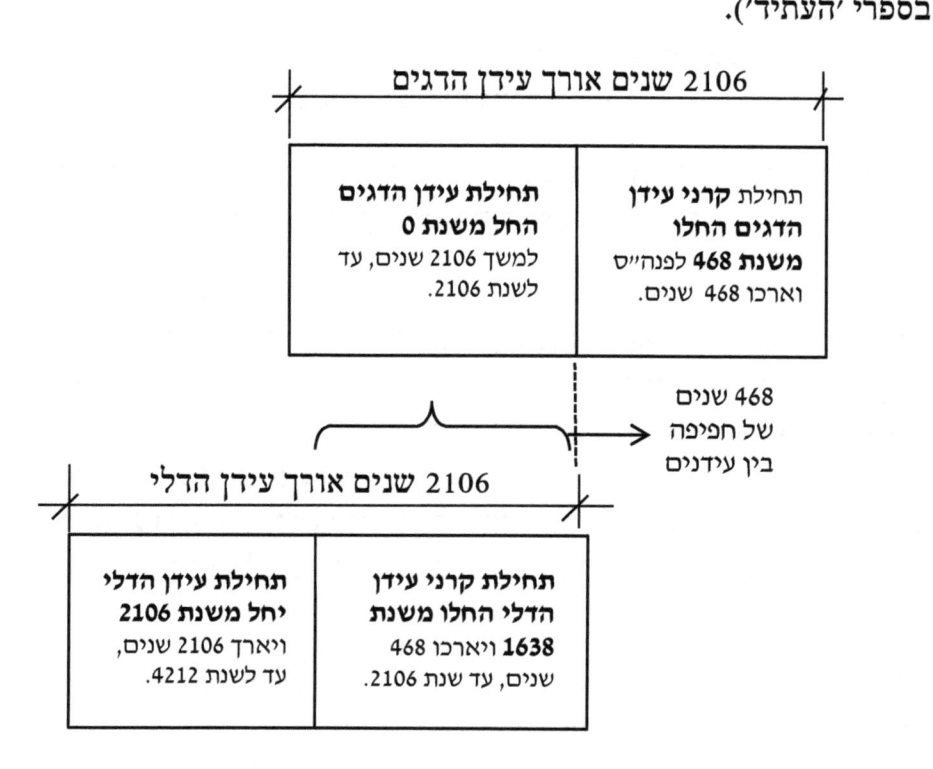

עידן הדגים החל בשנה 0 לספירה. לשליח-האל ישוע היהודי היה תפקיד חשוב: להביא אור, ידע, בשורה, תודעה ושלום לאנושות ("והייתם אור לגויים").

ישוע נשלח ע"י הבריאה לכוכב הארץ, כדי לבטל את הדתות לטובת אמונה חופשית, ללא סגידה לחומר, ללא דת, קבורה, הקרבת קורבנות וסגידה. פשוט להיות אנשים טובים בלי כוח יחידני ושחיתות עולמית.

ישוע הקדים את זמנו בעידן ובאופן אבסורדי ומבלי שרצה בכך, נוצרה דת הנצרות. בעידן הדגים, התרחבו שלושת הדתות: הנצרות, היהדות והאיסלם. מזל הדגים הכפול (מהמזלות הכפולים: דגים, תאומים ומאזניים) תמיד מתחיל ברצון טוב לעזור וממשיך לכוחנות, שליטה, קיצוניות, שטניות, טירוף והרס עצמי.

כל הדתות מהוות "סוכנויות תיווך" מיותרות בין האדם לאלוהים ומבוססות על שטיפת מוח והכתבה למאמיניהם, כגון:

הגעה למתחמי תפילה, שיעורי דת, טקסים והנחיות: מה ומתי לאכול, מה ללבוש, מתי לצום ולשבות מעבודה וקביעת מועדים וחגים. השמצה ושנאת האחר בשם הדת, עד לכדי הרג והכחדת השונה. טקסים וחוקים פגאניים עתיקים כמו: ברית מילה, חתונה, חופה, גרושים, טהרה, כשרות, גיור, איסור מחותנים, נהלי טקסי קבורה המאפשרים רק למאמיניהם להיקבר בשטחי אדמתם וכל השונה מנודה. כל הנ"ל נקבע ומנוהל בידי גברים דתיים כוחניים וללא הענקת חופש בחירה.

גברים דתיים הקימו עם השנים את תעשיית הדתות: יצרו הירכיה, סחטו כספים, נהנו מטובות הנאה, ניצלו מינית ילדים ומבוגרים, עסקו בטקסים שטניים וסגידה לשטן, בזזו כספי ציבור /ממשל ואוצרות, עד להקמת ערוצי תקשורת, כתות ופלגים קיצוניים והכל בחסות הדת.

עד להקמת מדינת הוותיקן. המדינה הדתית הנוצרית היחידה בעולם הקיימת ברומא בחסות אנשי כמורה ואפיפיור הסוגדים לשטן. הרומאים הרגו את ישוע! כשהוותיקן ממוקם הרומא- רומאים, לכן עם כניסת האנושות לעידן הדלי, יחדל הוותיקן מלהתקיים ואנשיו יוצאו להורג (כפי שנעשה לישו) וכל אשר נלקח במרמה בידי הוותיקן - יושב בחזרה לאזרחי העולם. הקרמה תשוב וצדק תנכ"י יעשה.

כל הדתות מתקיימות מכספי ממשל, תרומות ודורות של מאמינים. בין הדתות מתקיימת תחרות שיווקית תמידית, המבטיחה להפוך את מאמיניה לאנשים 'טובים' בלווי ספרי 'קודש', שברובם מעשיות שנכתבו על ידי גברים מהעת העתיקה, בשפתם וראות עיניהם.

תעשיית הדת מגלגלת סכומי עתק למשך דורות דרך שטיפת מוח, הפחדה והפיכת המאמינים לעבדים מוסתים ופוחדים בחסות הדת.

איש דת: מכתיב ומתעסק בחומר,

כגון: בתי תפילה, בתי קברות, ספרי דת, חוקים, טקסים, מועדים, קמעות, חפצי דת ולבוש.

איש רוח: מעניק בחירה ואינו עוסק בחומר,

אלא מתקשר עם הבריאה, עם/בלי כלי עזר נלווים.

"ביקום אין דתות – אלא אמונה"

דת עוסקת בחומר. חומר לעולם לא יהיה קדוש.

דת קובעת ומנהלת אורח חיים, לכן נוגדת את חופש האדם.

אין צורך במתווכים, כדי להגיע לאלוהים. הנכם משוייכים לבריאה מעצם בריאתכם. אנשים מושחתים יצרו את הדתות ולא אלוהים, במטרה לשלוט בבני אדם.

הדתות מעולם לא איחדו - אלא פילגו ופיזרו שנאה, כפו, פגעו, הסיתו והביאו להכחדת השונה.

בני האדם הם יצירי אנוש בעלי אגו, לכן דתות לא תוכלנה להתקיים ביניהם בשלום.

בעידן הדלי המתקרב, יוחלפו הדתות – באמונה חופשית.

ככל שרמת ההשכלה תגדל – תפחת הדת.

כל יצירה/ בריאה חדשה – מחייבת כאוס תחילה !

כאוס = הרס למטרת יצירה לטובה. להלן מס׳ דוגמאות:

▪ כדי לשפץ, לייצר סדר בבית או בכל מקום - <u>מייצרים כאוס</u>:
מבלגנים ומנקים, מסדרים ומארגנים עד ליצירת הסדר הרצוי.

▪ בריאת כוכב לכת - <u>מחייבת כאוס</u> ופיצוץ של כוכבים אחרים,
כשמתוך אבק הכוכבים - נוצר כוכב חדש.

▪ עם כניסת האנושות לעידן הדלי, <u>הבריאה תייצר כאוס</u> ע״י הונאה
בריאותית שתביא לחשיפת האמת ועשיית צדק ציבורי. כך תגרום
הבריאה לחוסר אמון ורתיעה של הציבור מכל המערכות הקיימות
לכדי הקמת החדשות. כל יצירה מחייבת כאוס והרס של הקודם.

מטרת הבריאה:

נבראתם על ידי הבוראים (החוצנים) על פני כוכב הארץ, כדי לברוא
בני אדם משודרגים, אך <u>ללא</u> החדרת שבבים ואמצעים טכנולוגיים
מלאכותיים לגופם והפיכתם לרובוטים, אלא על ידי שימוש טבעי
באינטואיציה, עשרת החושים וב12 סלילי הדנ״א. באופן זה בני האדם
יבראו בני אדם משודרגים, שיבראו בני אדם משודרגים וכך בלי סוף.

מטרת הרוח: להעיד על טיבה ומכך להעיד על טיב הבריאה.

מטרת החומר: להמשיך ולהניע את מנוע הבריאה, על ידי יצירה
טכנולוגית-מדעית-רוחנית המשתדרגת באופן אינסופי.

להלן מס׳ תובנות :

- **שפע מקבע – מחסור מניע.** כמות הנשמות מוגבלת. כל נשמה שנכנסת- מחייבת נשמה אחרת לצאת מגוף אחר, כל לידה מחייבת פטירה של אדם אחר.
- **אל תקבלו דבר כמובן מאליו,** כי לעולם לא תהיה אמת אחת על מנת לאפשר לכם בחירה. המשיכו לחקור ולהניע את מנוע הבריאה, שהרי לעולם לא היתה ולא תהיה אמת אחת. הסקרנות היא המנוע להמשכיות הבריאה.
- **הבריאה לעולם לא תספק תשובה אחת סופית,** אלא תסתיר כדי לאפשר לאנושות לבחור, לחקור ולגלות. במידה והכל היה גלוי, אזי לא היה טעם להמשכיות החיים.
- **המסתורין הוא המנוע האינסופי** הדוחף את האנושות, לכן אלוהים לעולם לא יחשף.
- **הבריאה תמיד תאפשר לאנושות חופש בחירה** וכמו הורה אחראי היא תפקח על הנעשה ובמידה והאנושות תתקרב להרס עצמי אזי תתערב הבריאה למנוע זאת.
- **בני האדם לא יוכלו להשמיד את כוכב הארץ** - אלא רק להכחיד את החיים הזמניים שעליו. כוכב הארץ מתקיים מיליארדי שנים והוא אינו זקוק לחמצן, מים, אדמה או אוצרות טבע כדי להתקיים, אלו הם בני האדם, החיות והטבע זקוקים להם.

- **תכנית הבריאה:** נבראתם על פני כוכב הארץ על ידי הבוראים החוצנים כדי להתקדם רוחנית ולברוא בני אדם, חיות וטבע משודרגים באופן טבעי וללא טכנולוגיה מלאכותית.

- כניסת עידן הדלי תלווה בכאוס, הבריאה תעניק כוח למיעוט של עשירים וממשלות הסוגדים לשטן, שיפגעו בבני אדם, חיות וטבע, ידללו אוכלוסיה וינסו ליצור רעב עולמי שלא יתממש , כי יוחלף במחסורים נפלאים, חשיפת אמת ועשיית צדק, שיתרמו :
לאיבוד התא המשפחתי לטובת מחייה בקהילות, חיים בצניעות עם ייצור מקומי ללא מפעלי מזון, אחדות אזרחית, הקמת כל התשתיות הקהילתיות, וועדות עממיות, שיתופי פעולה בין אזרחי העולם ללא ממשלות וגבולות, גידול חקלאי עצמאי וכו'.
הבריאה תאפשר חופש בחירה, תבחן מעשי כל אדם ותשיב הקרמה אליו במהלך חייו. כל מה שתעשה- ישוב אליך בחייך.

- **חומר לא יכול לשמח רוח (נפש) לאורך זמן.** מקור מחלות נובע מהנפש.

- **לא ניתן לרפא נפש (רוח) בעזרת חומר בלבד,** תרופות אינן מרפאות אלא מדוממות. לכל אדם היכולת הטבעית לרפא את נפשו וגופו בעזרת ביטול הפחד והגברת המחקר לחשיבה עצמית, הפעלת כל עשרת החושים והפעלת 12 סלילי הדנ"א שלו.

- **לא ניתן להעלים או להשמיד דבר לנצח** אלא רק לשנות בין מצבי הצבירה בין חומר-נוזל וגז.

- **הכל חי ונושם סביבכם ובעל תהודה ותדר**, כאשר הכל תלוי האחד בשני, הרס בחלקו האחד של כוכב משפיע על שר חלקיו.

- **דבר לא היה ולא יהיה שלכם לנצח**, גם נשמתכם אינה בבעלותכם, אלא מושאלת לכם לצורכי תיקון במהלך גלגולי חייכם.

- **כל נשמה (רוח) בוחרת להתגלם בתוך גוף (חומר)** זמני על פני האדמה כדי להמציא, לברוא ולהניע את האנושות. במעשיכם הנכם מעידים על טיבתכם ובכך על טיב הבריאה/ האלוהים.

- **אי אפשר למות.**
  לחיים אין התחלה ואין סוף. הנכם כדורי אור אינסופיים ולא תחדלו מלהתקיים אלא לשנות מצבי צבירה בין רוח לחומר. במועד המוות, כל נשמה שבה למצבה המקורי ככדור אור, הבוחר ללא אגו להתגלגל שוב כרוח או כחומר, לעיתים אלפי גלגולים עד להשלמת התיקון ולהארה בגוף פיזי.

- **כמות ההארה בתוך נשמה** - היא שמאפשרת לנשמה להתעלות מעולם החומר אל היררכיית עולם הרוח.

- **היקום כולו שוכן באפלה ונקודות אור בודדות מאירות.** האור הוא זמני האפשר לאנושות לגלות את אשר קיים בחשכה.

- **אנשים הבוחרים להתאבד ולקחת את חייהם** לרוב בצעו פעולה זו בגלגוליהם הקודמים ובחיים הללו הגיעו להתנסות, לדלג מעל מבחן זה ולהגיע לתיקון. לאחר המוות, הבריאה לעולם לא תכעס או תעניש אלא תעניק לכל אדם חמלה ואהבה. רק האדם שופט את עצמו לאחר מותו וללא אגו.

- כל נשמה יכולה להתקדם מעלה בהיררכיה הרוחנית או לחזור אחורה בהירכית החומר כדי לתקן, לכן אדם יכול לבחור בגלגולו הבא לשוב ולהתגלם בגוף חומר:

עולם החומר

האדם בוחר להתגלם בתוך גוף חומר - בהירככית עולם החומר:

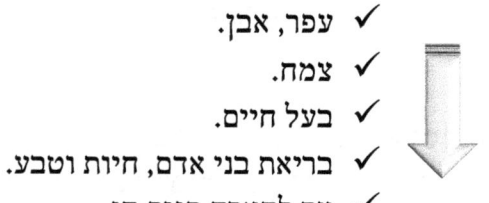

- ✓ עפר, אבן.
- ✓ צמח.
- ✓ בעל חיים.
- ✓ בריאת בני אדם, חיות וטבע.
- ✓ עד להארה בגוף חי.

עולם הרוח

האדם מגיע להארה בגוף, מסיים את גלגוליו בעולם חומר ועל פי כמות ההארה בתוכו יוכל להתעלות - בהירככית עולם החומר:

- ✓ ישות.
- ✓ מלאך.
- ✓ לשוב למקור ככדור אור ולהתאחד עם הבריאה.

פרק 1
אודות העידנים

כל עידן: משוייך למזל אחד מבין 12 המזלות, מושפע מהמזל לפניו ולאחריו ולו מאפיינים המשפיעים על האנושות בכוכב הארץ: כגון שינויים אנרגטיים, סביבתיים, מדעיים, טכנולוגיים, חברתיים, כשהשפעתם תורגש מתחילת קרני העידן אל תוך העידן, כאשר:

- הכלי להבנת הבריאה הינו המתמטיקה, נומרולוגיה ואסטרולוגיה וכל יצירה חדשה מחייבת כאוס והרס של הקודם.

- כל עידן אורך 2106 שנים.

- קרני עידן מבשרות על כניסת העידן ואורכות 468 שנים.

קרני עידן: כשם שקרני השמש מופיעות לפני עלות השמש, כך קרני העידן מבשרות על בוא עידן, תמיד 468 שנים לפני תחילתו ומהוות תקופת חפיפה בין העידנים לקראת כניסת כל עידן.

גלגל המזלות האסטרולוגי: מכיל את כל 12 העידנים ומשפיע על כל אשר נמצא בכוכב הארץ.

עידן הדלי | 30

מחזוריות העידנים בגלגל המזלות האסטרולוגי נעה **אחורה,** כלומר
באופן ההפוך לסדר המוכר לנו כיום באסטרולוגיה.

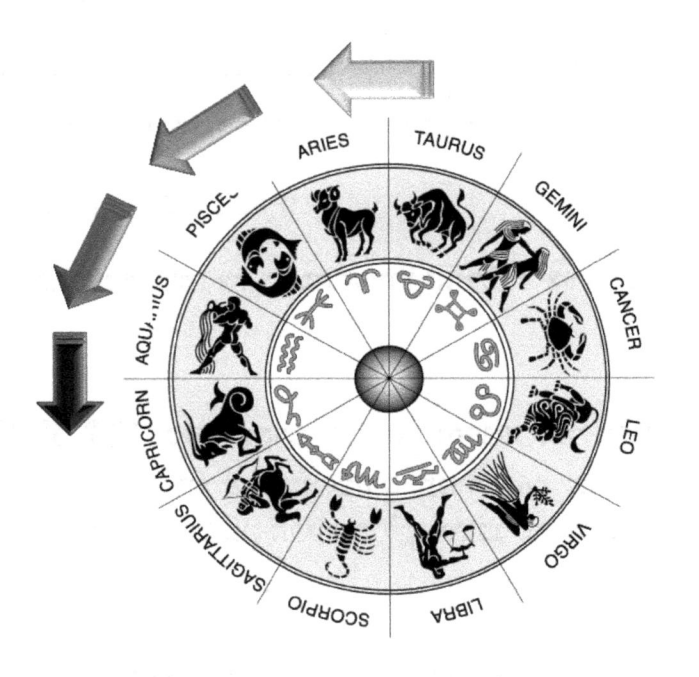

מעבר ממזל שור ⬅ למזל טלה (ולא למזל תאומים).

מעבר ממזל טלה ⬅ למזל דגים (ולא למזל שור).

מעבר ממזל דגים ⬅ למזל דלי   (ולא למזל טלה).

מעבר ממזל דלי ⬅ למזל גדי   (ולא למזל דגים) וכו'.

סדר מועדי העידנים

טבלאות אלו מתוך ספרי 'העתיד'.
עידן אורך 2106 שנים.
קרני עידן מתחילים תמיד 468 שנים לפני כניסת כל עידן,
חופפים בין העידנים ומבשרים על כניסת העידן הבא.

סדר העידן האסטרולוגי	קרני העידן 468 שנים לפני תחילת עידן	תחילת העידן
עידן השור	**שנת 4680** לפנה"ס מעגל 9- מחזוריות 2	**שנת 4212** לפנה"ס מעגל 9 - מחזוריות 2
עידן הטלה	**שנת 2574** לפנה"ס מעגל 4 - מחזוריות 6	**שנת 2106** לפנה"ס מעגל 4 - מחזוריות 6
עידן הדגים	**שנת 468** לפנה"ס מעגל 7 - מחזוריות 9	**שנת 0** לספירה **הולדת ישו** מעגל 7 - מחזוריות 9
בשנת 468 לספירה = פיתגורס גילה שקיים יחס בין אורכי המיתרים ובין הצלילים המופקים מתנודותיהם. **בשנת 1638 לספירה** = (2106-468=1638) גלילאו גליליי "גילה" כי הארץ וכוכבי הלכת חגים סביב השמש המשלימה סיבוב אחד במשך חודש.		
עידן הדלי	**שנת 1638** מעגל 7 - מחזוריות 5	**שנת 2106** מעגל 7 - מחזוריות 5
עידן הגדי	**שנת 3744** מעגל 3 - מחזוריות 1	**שנת 4212** מעגל 3 - מחזוריות 1

סדר העידן האסטרולוגי	קרני העידן	תחילת העידן
עידן הקשת	**שנת 5850** מעגל 8 - מחזוריות 6	**שנת 6318** מעגל 8 - מחזוריות 6
עידן העקרב	**שנת 7956** מעגל 5 - מחזוריות 3	**שנת 8424** מעגל 5 - מחזוריות 3
עידן מאזניים	**שנת 10,062** מעגל 1 - מחזוריות 8	**שנת 10,530** מעגל 1- מחזוריות 8
עידן הבתולה	**שנת 12,168** מעגל 6 - מחזוריות 4	**שנת 12,636** מעגל 6 - מחזוריות 4
עידן האריה חריג- סבב חדש בגלגל המזלות	**שנת 14,274** **מעגל 2 - מחזוריות 9**	**שנת 14,742** **מעגל 3 - מחזוריות 1**
עידן הסרטן	**שנת 16,380** מעגל 8 - מחזוריות 6	**שנת 16,848** מעגל 8 - מחזוריות 6
עידן התאומים	**שנת 18,486** מעגל 4 - מחזוריות 2	**שנת 18,954** מעגל 4 - מחזוריות 2
עידן השור	**20,592** שנת מעגל 9 - מחזוריות 7	**21,060** שנת מעגל 9 - מחזוריות 7

תרשים זרימת העידנים # 1

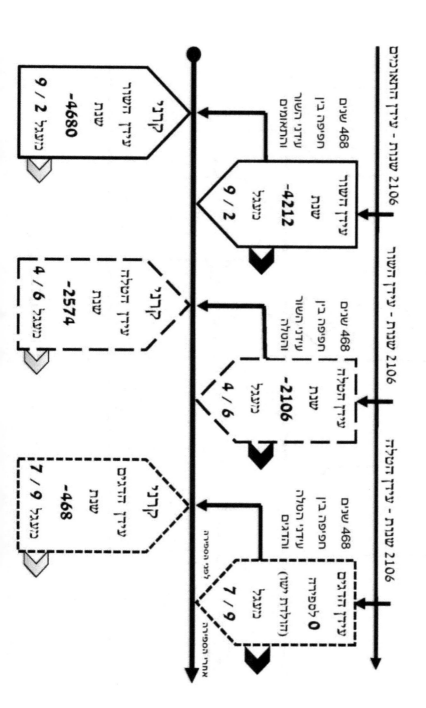

תרשים זרימת העידנים # 2

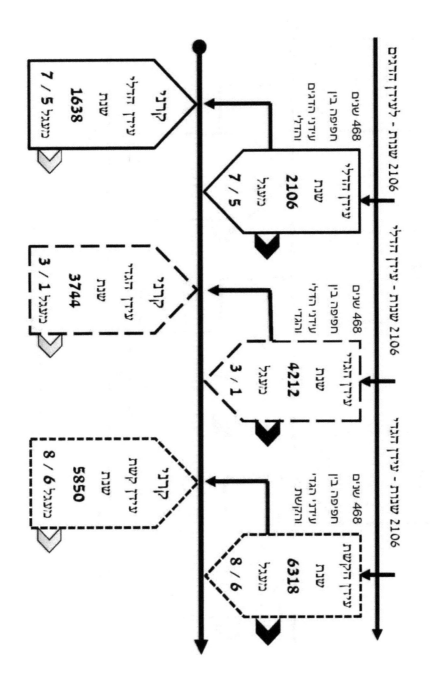

תרשים זרימת העידנים # 3

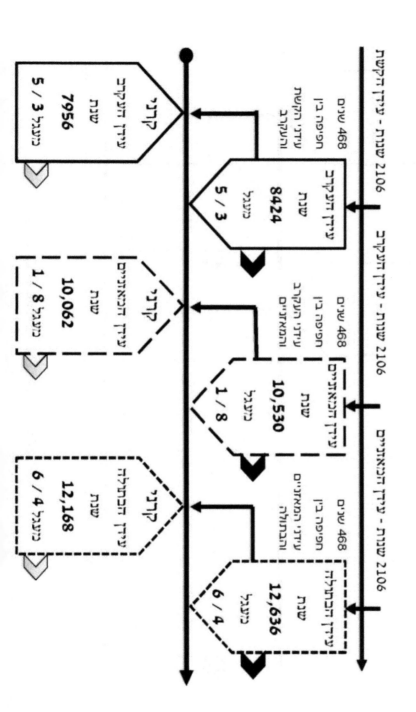

תרשים זרימת העידנים # 4

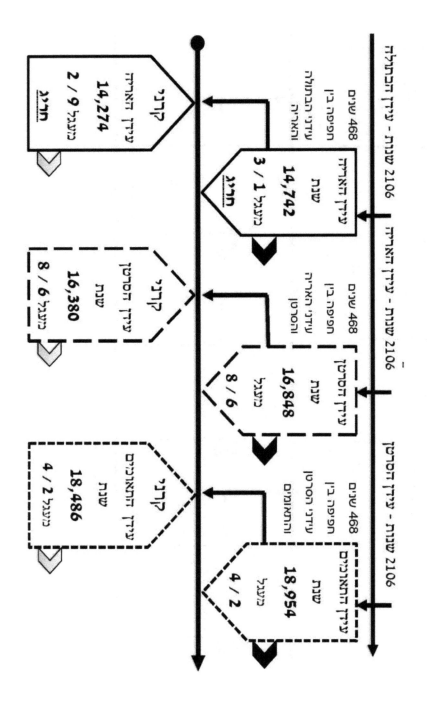

תרשים זרימת העידנים # 5

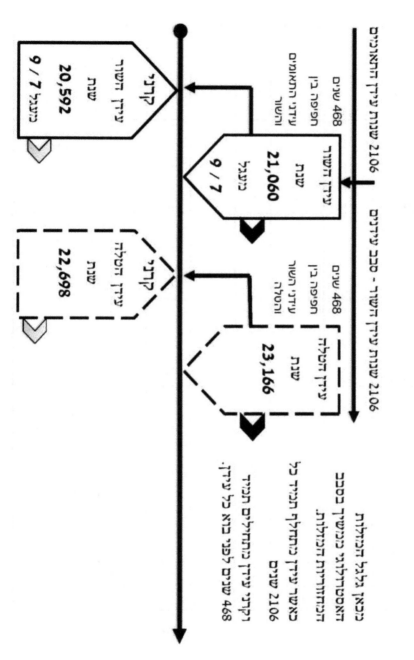

מסלולי העידנים

מזל העידן	קרני העידן			תחילת עידן			משמעות נומרולוגית
	משנת	מחזוריות	מעגל	משנת	מחזוריות	מעגל	
1. השור	-4680	2	9	-4212	2	9	**מעגל 9-** עידן לכאוס, פרדה מהישן והכנה לחדש. **מחזוריות 2-** עם מלחמות, תקשורת, ידע ושותפויות.
2. הטלה	-2574	6	4	-2106	6	4	**מעגל 4-** עידן לכיבושים, צמיחה, התפתחות ויצירה. **מחזוריות 6-** עם ידע, גילויים, איחוד מעברים ומחויבות.
3. הדגים	-468	9	7	0 הולדת ישו	9	7	**מעגל 7-** עידן לידע, לרוחניות, תיקון, תובנות והמצאות. **מחזוריות 9-** עם כאוס, פרדה מהישן והכנה לחדש.
4. הדלי	1638	5	7	2106	5	7	**מעגל 7-** עידן לידע, לרוחניות, תיקון, תובנות והמצאות. **מחזוריות 5-** עם כאוס, גילויים ועשיית צדק, אהבה, איחוד.
5. הגדי	3744	1	3	4212	1	3	**מעגל 3-** עידן לשפע, הצלחה, תעוזה, תקשורת ויצירה. **מחזוריות 1-** עם יוזמה, איחוד וצדק.
6. הקשת	5850	6	8	6318	6	8	**מעגל 8-** עידן לאחריות, סדר חדש, התחזקות ושפע. **מחזוריות 6-** עם ידע, גילויים, איחוד מעברים ומחויבות.

מזל העידן	קרני העידן			תחילת עידן			משמעות נומרולוגית
	משנת	מחזוריות	מעגל	משנת	מחזוריות	מעגל	
7. העקרב	7956	3	5	8424	3	5	**מעגל 5-** עידן לכאוס, גילויים, צדק, אהבה, איחוד. **מחזוריות 3-** עם שפע, הצלחה, תעוזה, תקשורת.
8. המאזניים	10,062	8	1	10,530	8	1	**מעגל 1-** עידן ליוזמה, איחוד וצדק. **מחזוריות 8-** עם אחריות, סדר חדש, התחזקות ושפע.
9. הבתולה	12,168	4	6	12,636	4	6	**מעגל 6-** עידן לידע, גילויים, מעברים, איחוד ומחויבות. **מחזוריות 4-** עם כאוס, צמיחה ויצירה
10. האריה מתחיל את גלגל המזלות	14,<u>274</u>	9	2	14,<u>742</u>	1	3	**** עידן חריג **** **קרני עידן** יחלו בכאוס והרס איטי ומתמשך כדי לתקן. **כשהעידן** יביא עמו שפע, הצלחה, איחוד תקשורת ויצירה.
7. הסרטן	16,380	6	8	16,848	6	8	**מעגל 8-** עידן לאחריות, סדר חדש, התחזקות ושפע. **מחזוריות 6-** עם ידע, גילויים, איחוד מעברים ומחויבות.
7. התאומים	18,486	2	4	18,954	2	4	**מעגל 4-** עידן לכאוס, צמיחה ויצירה חדשה. **מחזוריות 2-** עם מלחמות, תקשורת, ידע ושותפויות.

פרק 2
עידן הדגים

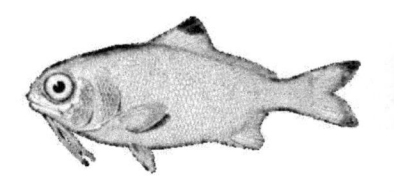

צרי חרפי | 42

עידן הדגים

חשוב להזכיר את מאפייני עידן הדגים ממנו אנו נפרדים, כדי להסביר על הצפוי לאנושות בכוכב הארץ עם כניסת עידן הדלי בשנת 2106:

קרני העידן: משנת 468 (-) לפני הספירה.

תחילת העידן: משנת 0 לספירה - הולדת ישו.

סיום עידן הדגים: עם כניסת עידן הדלי בשנת 2106 לספירה.

מעגליות 7 – מחזוריות 9: (7) עידן של רוחניות, חשבון נפש, ידע והמצאות יחד עם (9) כאוס, מלחמות, סיום הישן לקראת החדש.

- קרני עידן הדגים החלו בשנת 468 (-) לפני הספירה:

חישוב: שנת 468 (-) = 468- 0, 9 = 1+8 = 18 = 4+6+8

- כל עידן אורך 2106 שנים. העידן מסתיים בשנת 2106 = 2106+0.

- סכום הספרות של עידן או קרני עידן תמיד **9**= סיום והכנה לחדש.

<u>מזל הדגים</u> נמנה עם שלושת המזלות המשתנים (דגים, מאזניים ותאומים), לכן מתחיל בכוונות טובות ומשתנה לרעה. מזל יסוד המים ושליטו כוכב נפטון- לכן עידן זה מגלם פרדוקס בין רוחניות, גילויים מדעיים וחידושים טכנולוגיים, יחד עם כוחנות, שליטה והרס עצמי.

מאפייני עידן הדגים:

מאפיינים חיוביים:

השכלה ואסתטיקה, חמלה ואמפתיה, יצירתיות, מיניות ורוחניות.

מאפיינים שליליים:

מצבי רוח ותחבולות, כוח ושליטה, חומריות, קיצוניות והרס עצמי.

סממני עידן דגים המסתיים:

העידן החל בשנת 468 (–) לפני הספירה:

בשנה זו, התפרסם המדען פיתגורס כאבי תורת המספרים וגילה את היחס בין אורכי המיתרים ובין הצלילים המופקים מתנודותיהם.

שנת 0 לספירה – הולדת ישו:

הבריאה שולחת ישות/ שליח האל לכוכב הארץ, לקראת עידן הדגים.

אמו של ישו – מריה הבתולה מסמלת את מזל הבתולה המשלים, הנמצא ממול מזל דגים בגלגל המזלות.

ישו נולד כדי להפיץ את הבשורה אודות כניסת עידן חדש, הוא הגיע במטרה לבטל את הדתות ולאחד את האנושות באמונה חופשית.

ישו היה נביא יהודי שהקדים את זמנו ("והייתם אור לגויים"). ישו הציג את אלוהים כישות קולקטיבית ולא כמקור פחד, אלא מקור של

סליחה ואהבה. כל הנבראים שווים ושייכים לאותו המקור, ללא הבדלי דת, לאום, מין או גזע.

ישנו ציין כי הישגים חומריים הינם שוליים ושאין זה נכון להשקיע בכל אשר בן חלוף כמו הגוף והחומר אלא להשקיע בלימוד, חשיבה ויצירה אשר יובילו לתגליות, שתכליתן לקדם את האנושות.

דתות וכתות הדוגלות בהבאת מספר רב של ילדים, סגידה לאלוהים וטקסים באמונה עיוורת אחר הלכות, טקסים וכללים, מונעים מהאדם את בחירתו החופשית לבחור וליצור לעצמו ולכן אסורים על פי הבריאה. כל הנ״ל מייצר דורות של עבדות, נטל כלכלי על הציבור, האטה ללא התחדשות ועצירת התפתחות האנושות.

לא הגעתם לעולם כדי לסגוד לאל או להביא ילדים מתוך צורך הישרדותי אלא הגעתם לעולם כדי להניע את מנוע הבריאה וקידמת האנושות: בחשיבה חדשה, פיתוח טכנולוגי ומדעי, תובנה, הארה, רוחניות, תקשורת טלפתית, שיתופי פעולה עם צורות חיים שונות, המצאות, חידושים, אשר יצעידו את האנושות ליעדה: לברוא בני אדם מוארים, חיות וטבע משודרגים באופן טבעי ללא תוספות של אבזרים טכנולוגיים או ביולוגיים. תכלית האנושות: בני אדם יבראו גזע משודרג טבעי שיבראו גזע משודרג טבעי וכן הלאה.

משנת 2016 עד 2106 = 90 שנה להכנת האנושות לכניסת עידן הדלי.

1. עידן הדתות.
אמונה בחומר וכפיה דתית.

מזל הדגים תמיד מתחיל בטוב:

הבאת מאמינים חדשים ממקום טוב של עזרה לזולת, נתינה וחמלה. איחוד וליכוד אזרחים, התנדבות קהילתית, משרות דת, בניית בתי תפילה לאיחוד מאמינים: מקדשים, כנסיות, מסגדים ובתי כנסת.

וממשיך לכוחנות וקיצוניות:

שליטה באדם, כפיה דתית, המרה דתית בכפיה, משטרי דת, חוקים דת נוקשים, הרג אוכלוסיות בחסות מסעות הסהר והצלב, אינקוויזיציה, טבח עמים, שבטים וגזעים, פרעות, מסעות הצלב והסהר עד להשמדה ושואה, תחרות דתית בבניית בתי תפילה עצומים בגודלם כדי להמחיש את כוח הדת הממשי בשטח, כתות לשטיפת מוח: סיינטולוגיה בנצרות, קבלה ביהדות, ג׳יהאד באסלאם. דתות אינן יכולות לאפשר חופש בחירה פן יילקח מהן הכוח לשלוט באדם.

הדת היא הונאת ההמונים המתמשכת ביותר.

למרות המשפט *״לא תעשה לך רב״*, מתקיימת מציאות הפוכה של הנחיות דתיות ככל העולה על רוחם של אנשי הדת: הגעה למתחמי תפילה, שיעורי דת, מה ומתי לאכול, מה ללבוש, מתי לשבות ולצום, מועדי קיום יחסים ועם מי, קביעת מועדים וחגים, השמצת דתות אחרות וטקסים פגאניים (כגון: ברית מילה, חופה, גט, נידה..), טקסי קבורה המאפשרים רק למאמיניהם להיקבר בשטחי אדמתם וכל השונה מנודה, הירככיה ושחיתות, קבלת תרומות וטובות הנאה, הקמת ערוצי

תקשורת, כתות ופלגים. גם 'קבלה' אינה רוחניות אלא 'שטיפת מוח ידידותית מלכדת' בעלת מאפייני כת עם "רב" ('לא תעשה לך רב') הקובעת נהלים, חוקים, מעבירה שיעורים בערוץ תקשורת ונתמכת מתרומות מאמיניה.

חומר לעולם לא יהיה קדוש פרט לרוח הנשמה.
ספרי "קודש" נכתבו בעת העתיקה על ידי גברים 'בשם האלוהים' ובעזרת שטיפת מוח שווקו להמונים על ידי: כוהני דת, רבנים, כמרים, נזירים ואימאם, שנתמכו בכספי ציבור וממשל לבניית מתחמי תפילה, קבעו חוקים, מועדים, טקסים ותפילות, האדירו את מעמד הגבר והקטינו את מעמד האישה מתוך חשש מפניה, מאז ועד היום.

אלוהים מודע לגדולתו ואינו נזקק לתזכורת ושעבוד האדם.
אין צורך למלל מספר פעמים ביום פסוקים, ברכות, תפילות וטקסים. זוהי עבודת אלילים! את אלוהים/ הבריאה (הרוח) אין לשעבד דרך חומר (דתות), אלא באמונה חופשית: איש באמונתו יחיה.
זו התובנה שישו ניסה להעביר: שהאלוהות אינה נמצאת בחומר אלא ברוח, אך על דבריו הוא נהרג ונצלב פן יאפשר לאנשים להתחיל לחשוב בזכות עצמם, מאשר להיות מובלים ונשלטים בידי אנשי דת.
תעשיית הדת לא יכולה לשרוד ללא עושק מחזורי מכספי הציבור.
גם היהדות שולטת במאמיניה בשיטת 'הפרד ומשול':

- הפרדה עדתית בין בתי כנסת (אשכנזי, ספרדי וכו').

- משרה לרב הראשי האשכנזי ומשרה לרב הראשי הספרדי.

- מוסד הרבנות, המעניק 'הכשר וסמכה דתית' לאנשים, למזון ומוצרי צריכה בשם האלוהים ? זוהי הונאת דת כוהנית ומושחתת !

- הפרדה בין גברים לנשים בבתי כנסת ומתחמי תפילה כגון הכותל.
אי שוויון והקטנת דמות האישה מתוך פחד מכוחה האמתי.
האצלת הגבר בקדמת ארון 'הקודש' והרחקת האישה 'הטמאה' אל
מאחורי הקלעים, ב'עזרת נשים', רחוק מארון הקודש. הליך מבזה
ומקומם זה , התקבל ומיושם בידי נשים ללא התנגדות.

כל דתות נוצרו בני האדם ולא בידי אלוהים.
ברגע שמכתבים לך 'עשה ואל תעשה' זה הזמן להפעיל היגיון ולהבין
שזו אינה רוחניות. הבריאה לעולם לא תפעל מתוך כוח ושליטה אלא
מתוך הענקת שוויון, חמלה ואהבה ותאפשר בחירה חופשית, כאשר
כל מעשי האדם שבים אליו במהלך חייו.

כל בני האדם נולדים עירומים ושווים.
אין אדם אחד מתעלה על האחר. כל אדם דתי עבר שטיפת מוח ופועל
כמכונה מתוך אפקט העדר, ללא חשיבה חופשית ומודרנית. אנשים
מאמצים "חזות דתית" בלבוש ובמראה החיצוני מתוך צורך להרגיש
'טוהר' והשתייכות חברתית למשפחה ו/או לקהילה.
הבריאה רואה את הסגידה לדת כחוסר קידמה וחוסר בחירה עצמית,
בהתחפשות חיצונית המוכתבת בידי הקהילה ומשלבת חוקים, טקסים
והלכות ומאדירה את החומר על פני הרוח. כל הדתות הומצאו על ידי
הגבר בעת העתיקה. כל הדתות מעצימות את הגבר ומקטינות את
האישה מתוך פחד מפניה.

הדרך לשלוט באחר – היא דרך שלילת זכויותיו!
אין לאף אדם זכות לשלוט באדם אחר. אלוהים לעולם לא יתערב
בבחירת האדם אלא יעניק לו בחירה חופשית, כאשר כל מעשי האדם
שבים אליו במהלך חייו, כך האדם מייצר לעצמו את מסלול חייו.
רוחניות מחייבת חופש, לכן דתות אינן רוחניות וסופם להעלם לטובת
אמונה חופשית במהלך תחילת עידן הדלי עד שיחל בשנת 2106.

אלוהה הוא יחיד, אלוהים הם רבים, לכן אומרים: אלוהים אדירים.
אלוהים / הבריאה = היקום המשכפל את עצמו לנצח.

הבריאה תמיד תעניק אפשרות לבחור מבין שניים לפחות, לכן אלוהים
לעולם לא יכול להיות אחד.

בעידן הדלי המתקרב, הכוח הגברי ששלט בעולם למשך אלפי שנים
יתחלף בהנהגה נשית מלכדת וחומלת.

בעידן הדגים שלט הגבר היחידני ובעידן הדלי נשים תנהגה.

תיקון תנכ"י יחל כשישו יופיע בשנית עם כניסת האנושות לעידן הדלי
אך בפעם ברבים, בדמותן של נשים שתנהגנה לאחדות ושלום עולמי
ללא ממשלות ומדינות, לטובת הקמת תשתיות חדשות, קהילות
עולמיות עם חופש בחירה, תנועה ללא גבולות, מחייה זולה, שיתופי
פעולה ורוחניות ענפה.

2. דגים: מזל המים.
המצאות בשימוש נוזלים.

<u>מזל הדגים מתחיל בטוב:</u>

בעידן הדגים (ממזלות המים) יצרו כלי תחבורה הנעים על המים או הפכו מים לאנרגיה: כלי תעבורה ימית השטים על המים, טחנות מים, סכרים, בניית סירות משוטים, ספינות הנעות בכוח הקיטור, מנועי דיזל וחשמל. שאיבת נוזלים מבטן האדמה והפיכתם לדלק (נוזל) להנעה עולמית. התעבורה הימית פתחה את תקופת התגליות, חיברה בין בני האדם ברחבי העולם, פתחה את שוק הכלכלה והמסחר בין הארצות וערבבה תרבויות בין מדינות, תעבורה זו נמשכת עד היום.

כמו כן, משנת 1440 הפליגו בים מגלי ארצות מיבשת אירופה: מרקו פולו, כריסטופר קולומבוס, וגספוצ׳י אמריקו, וסקו דה גמה, קפטן קוק וכו׳, כך תרמו לקידום המסחר ומעבר בני האדם בין היבשות, העבירו ושינעו אנשים וסחורות תוך ערבוב תרבויות גלובלי. מאפיין זה מתקיים עד היום ותורם להגברת התחרות המסחרית, הגדלת מגוון התוצרת והסחורה, סחר גלובלי פתוח, מהיר, מוזיל ומועיל לצרכן, כולם סוחרים עם כולם ללא גבולות. כל הנ״ל ישתדרג יותר עם כניסת האנושות לעידן הדלי כסחר חליפין, גם ללא שימוש בכסף.

משנת 1638 עם כניסת <u>קרני</u> עידן הדלי, ניתן להבחין בשילוב בין מזל המים (דגים) לבין מזל האוויר (דלי): משאבות דוחפות נוזל (מים) בלחץ (אויר), מזרקות, ממטרות וצנרות למי גשמים, שתיה והשקיה, בניית סכרים (מים= דגים, אויר= דלי). משאבות פנאומטיות בלחץ אויר. כפי שמוסבר בתרשים משאבות הידראוליות משנת 1728:

גלי לוסי | 51

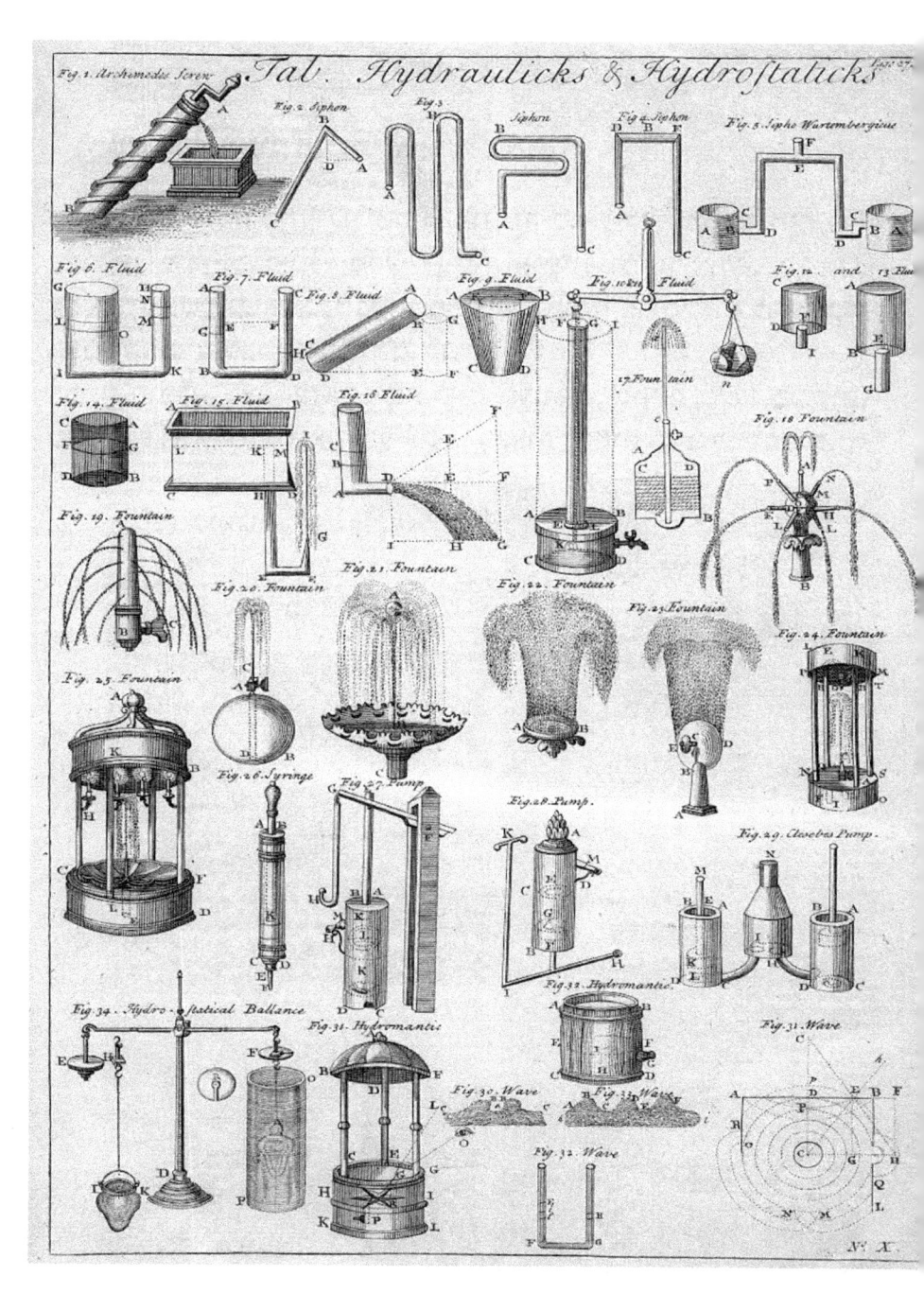

52 | עידן הדלי

וממשיך לכוחנות וקיצוניות:

מזל הדגים אוהב כוח, שליטה וממון, זה בא לידי ביטוי בבניית כלי
תעבורה מעץ כספינות מסע לגילוי ארצות ומתוך צורך לכבוש.
הספינות אשר נשאו כלי נשק, מרגמות ותותחים ומשם לבניית כלי
תעבורה ימיים עצומים בגודלם, כגון:
ספינת תובלה, יאכטות, ספינות שיט תענוגות, ספינת משא מכולות,
משחתות וצוללות נושאות כלי נשק, פצצות ומטוסי קרב למלחמות.

ספינת תענוגות

ספינת מכולות

משחתות

3. עידן הגבר.
כוח יחידני שולט.

מזל הדגים מתחיל בטוב:

גבר, מנהיג המלכד ודואג לאזרחיו ולמשפחתו. עידן של רומנטיקה, ביטוי רגשות ואהבה, בשירה, כתיבה ובפומבי, כאשר האישה נתמכת בגבר הדואג למחייתה, עתידה ולצאצאיהם.

וממשיך לכוחנות וקיצוניות:

בעידן הדגים שלטו הגברים: אדונים ומשרתים, אצולות, ממלכות ונסיכויות, שושלות וארמונות, קיסרים ושייחים, מעמדות ואריסטוקרטיה, קרבות, מלחמות וכיבושים, יצירת אימפריות, עשירים ואוליגרכים, חיי הרמון (היתר להינשא לנשים רבות), כיבושים ובזיזת רכוש, הטלת מיסים כבדים על אזרחים, עבדות וחוסר שוויון, זכויות ופגיעה בחופש האדם, בניית בתי פאר, מצודות, ארמונות ואחוזות. חלוקה לא צודקת וצבירת ממון רב ליחידניים ללא התייחסות למצבם הכלכלי של הכלל. עידן רווי הרג ושליטה במיליונים על ידי מלוכות, גנרלים, שליטים, רודנים, מנהיגים, קיסרים, ראשי ממשלות, כגון: אלכסנדר הגדול, נפוליאון, קיסרות סין ויפן, האימפריה הבריטית, הרומאית והעות׳מנית, נפוליאון, היטלר, מוסוליני, סטאלין, סאדאם חוסיין, קדאפי, מובארק, אסד וכו׳.

עידן גברי של אגו, כוח ושליטה בחומר וכסף: עשירים ואילי הון, הקמת בורסות, בנקים, בתי השקעות וחברות ביטוח המתקיימים ונתמכים מכספי ציבור ולקוחות בשיטת ׳הקזינו׳ = הלקוחות מממנים האחד את השני, כאשר הלקוחות ׳בזכות׳ ממנים את אלו ׳בחובה׳

ובאמצע הגופים הכלכליים גובים ריבית מלקוחות לצורך מימונם ומייצרים עבודות כלכלית מתמשכת לדורות. גופים המציעים הלוואות ומייצרים תלות עצומה של האדם המוסדות פיננסיים.
בעידן הדגים שלט הגבר ודאג להעצים את עצמו בזכויות יתר לכוח ושליטה, הוא יכול היה לרכוש/ להינשא למספר נשים, עליהם שמר כרכושו הפרטי ודאג לצמצם את מעמד האישה וזכויותיה. בעידן הדגים שלטו אנשי הדת הגבריים, שהגבילו, קבעו חוקים, הלכות וכתבו ספרי "קודש" בשפתם, תרבותם ורצונם כדי לשלוט באישה, פן תתמרד כי חששו מכוחה ועדין חוששים.

ממשלות פוחדות מכוח האזרחים. כי הכוח נמצא במסה. ממשלות דואגות לשלוט באזרחים פן יתלכדו, ימרדו ויביאו לחיסולם, לכן ממשלות שולטות באזרחים על ידי החדרת פחד, שימוש בכוח משטרתי/ צבאי, חוקים, תקנונים, פיקוח, עונשים ומאסרים. הבריאה תגרום לכאוס שיפגע באזרחים כדי שיתלכדו, כי הכוח במסה.

לקראת סוף עידן הדגים תעניק הבריאה כוח לגורם ההרס לייצר כאוס. כוח לראשי ממשלות מושחתים, לרוב גברים (או נשים עם תדר גברי), שיתעללו בחיי אזרחיהם, יבטלו וישללו חוקים וזכויות אדם. מטרת הבריאה: להעיר את הציבור, לחשוף אותו לאמת שממשלות רוצות לרעתו, לגרום לציבור לאבד אמון בממשלות, להתעצבן, להתלכד ולהשיב אליו הכוח שאבד במטרה לחסל ממשלות וכל כוח יחידני. כך פועלת הבריאה: היא מעצימה תחילה את גורם ההרס במטרה להעצים את הצד השני להשיב את הקרמה ולהרוס את גורם ההרס. מהפכות אזרחיות עולמיות יעבירו את הכוח מהשליטה היחידנית להנהגה קהילתית ושיתופית. תדרי כוכב הארץ מתחלפים ומשתנים כדי להעיף כל המושחת לטובת הפיכת חיי האזרחים לנוחים, זולים וחופשיים.

כל ממשלות העולם יקרסו במהלך כניסת האנושות לעידן הדלי, לטובת הקמת קהילות, לרוב בהנהגה נשית.

עם כניסת האנושות לעידן הדלי (עד לשנת 2106) הבריאה תשתמש בגורם ההרס של מיעוט אנשי הון מושחתים ותדחוף אותם לייצר כאוס עולמי כדי לפגוע בחיי הציבור, במטרה שהציבור יאבד אמון בממשלה ומוסדותיה וירסק ממשלות וכל כוח יחידני לטובת ניהול אזרחי עם שקיפות, הקמת קהילות, לטובת חיים זולים ופשוטים וסחר חליפין, כשחופש האדם ועשיית צדק יכתיבו מהלכים.

עידן הדלי יחשוף את האמת המזועזעת על ידי האזרחים, שיהפכו לאנשי המדיה החדשים דרך הרשתות החברתיות, כך תחשף האמת שהוסתרה מטעם המדיה העולמית שבבעלות מיעוט של עשירים.

סמלו של עידן הדלי באסטרולוגיה= גבר/אישה מחזיקים כד ושופכים מים על העולם כדי לנקות את ההרס שיצר עידן הדגים, ניקיון עולמי כי השחיתות חילחלה לכל מוסדות הממשל בכל המדינות. דין וצדק יעשה עם כל אחד, כאשר מעשי האדם שבים אליו במהלך חייו. עידן הדלי ילכד את אזרחי העולם, לא עוד כוח ליחידים אלא להמונים, בכאוס שיוביל למהפכות אזרחיות עולמיות, כי *"תחילתה של כל יצירה - בכאוס תחילה"*.

בעידן הדגים שלטו הגברים והביאו להרג והרס. בעידן הדלי המתקרב תתעצמנה הנשים בעולם ותצעדנה את האנושות לאיחוי וריפוי בני האדם, החיות והטבע בחמלה, אהבה ואחווה, איחוד תרבויות, שלום עולמי והמון קהילות, בעולם חופשי ללא ממשלות וגבולות.

4. עידן ההשכלה והמדע.
שיטות חינוך קפדניות ממשלתיות.

מזל הדגים מתחיל בטוב:

מזל הדגים חובב הידע ולימודים, בשילוב המולות שלו למזל בתולה בעל הידע וההמצאות, העשיר ב500 שנה האחרונות את הקדמה הידע, ההמצאות והטכנולוגיה, הקמת מוסדות אקדמיים להשכלה גבוהה, אוניברסיטאות, מכללות וארגונים. במטרה להצעיד את האנושות קדימה ולצמצם את הפער בינינו לבין בוראנו החוצנים לקראת מפגשים עימם, שיתרחשו עם כניסת האנושות לעידן הדלי הקרב.

מזל הדגים חובב המסעות, ההמצאות והגילויים: מגלי ארצות הפליגו וגילו ארצות משנת 1490. המצאת הדפוס בשנת 1500. המהפכה התעשייתית בשנת 1760. מחקרים ותגליות, המצאות ופטנטים, מכוני מחקר, מחשבים ורובוטיקה, החדרת המדע למכשור הביתי, מדיה תקשורתית וקהילתית עולמית.

הקמת עולם רפואה "שעוזר לרפא" ובפועל הרעיל בני אדם מילדות: בחיסונים שהחלישו את המערכת החיסונית, ממשלות שהקימו תשתית לריסוסים כימיים רעילים בשמים ובחקלאות, החדרת פלואוריד למי שתיה ומוצרי צריכה, מזון מתועש, ריבוי אכילה מהחי, כל אלו ועוד הפכו את הציבור להיות תלוי בתרופות, רופאים, בתי חולים ולפרנס חברות תרופות במעגליות.

ומּמשיך לכוחנות וקיצוניות:

מזל הדגים אומנם העשיר את האנושות בידע, אך מיעוט של עשירים מושחתים גם דאג לשבש, לזייף ולמחוק חלקים נרחבים מההיסטוריה, להסתיר מידע רב ומתקדם על מנת להאט את התפתחות האנושות.

בעידן הדגים העבדות היתה מקובלת, זכויות אדם לא הוענקו באופן שווה לאזרחים, ילדים היו נטולי זכויות והועסקו בעבודות, לרוב פיזיות, ללא אפשרות לרכוש השכלה ואף חותנו בגיל צעיר. נשים נאבקו וקבלו זכות הצבעה רק לפני מאה שנים ועובדים קיבלו זכויות.

בעידן הדגים נערכו משפטי שדה, עונשי מוות, גליוטינות ועריפת חלקי גוף היו חלק מהווי המשפט הקדום. שיטות לימוד קפדניות עם עונשים נוקשים, הצלפות, כולל נידוי והכפשת השונה עד להקמת מוסדות לילדים "מופרעים"/בתי כלא לנוער ובתי משוגעים.

בעידן הדגים הוקמה מערכת החינוך העולמית כאשר כולם לומדים אותו דבר, נבחנים אותו דבר, רוכשים אותה תעודה /דיפלומה ללא חשיבה חופשית עצמאית או שונה ואם התלמיד מפריע או אינו לומד 'כמו כולם' הוא נשלח לאיבחונים וקבלת תרופות פסיכיאטריות. הבריאה תחליף את מערכת החינוך הישנה, לטובת הקמת מוסדות להעשרת ידע קהילתיים <u>בידי ההורים</u>, כשכל אדם הוא מורה.

<u>השפעת המדע לטובה</u>: בזכות הכאוס של מלחמת העולם השנייה, שלחה הבריאה את הידע למתמטיקאי אלן טיורינג כדי לפצח את קוד 'האניגמה', לסיים את המלחמה ולהציל חיי אדם.

<u>השפעת המדע לרעה</u>: פצצת האטום שתוכננה עם איינשטיין והוצאה לפועל ע"י המדען רוברט אופנהיימר. ביפן הושלכו 2 פצצות על הירושימה ונגסאקי שגרמו למאות אלפי הרוגים ופצועים.

5. פיתוח האומנות והתרבות.
עיצוב, אסתטיקה ותרבות צריכה בזבזנית.

 ### מזל הדגים מתחיל בטוב:

מזל הדגים ידוע באהבתו לתרבות ואומנות. עידן שהביא לפריחת היצירה והתרבות בעיקר מתקופת הרנסנאס: מהמאה ה-14 למאה ה-17 ועד היום. בציור, פיסול, ספרות, אומנות פלסטית, הקמת מוזיאונים, תערוכות, תאטרון, הצגות, מופעים, מוסיקה, ריקוד ומחול. כמו כן, תור הזהב בתחומי ההנדסה, אדריכלות, עיצוב פנים, מדע, רפואה, מוצרי צריכה, עיצוב, ריהוט, אופנה, שיער, אקססוריז ועוד.

מזל הדגים ידוע באהבתו לתרבות טיפוח הגוף, ספורט ואסתטיקה כגון: הקמת מרחצאות וחדרי כושר, בתי הבראה וטיפולי בריאות.

עידן הדגים (מזל המים): בניית ברכות, אמבטיות, סאונות וג׳קוזי. שכלול טכניקות טיפולי גוף בעיסוי, דיקור, לייזר, בשילוב שמנים וקרמים. טיפולי יופי, עיצוב שיער, גבות, ריסים, שפתיים ושאר הגוף. ייצור מוצרי קוסמטיקה ומכשור חשמלי לטיפוח הגוף. עידן של קוסמטיקה ומוצרי בריאות, עליה ברמת ההיגיינה שמיגרה מגפות ועיסוק בביולוגיה וכימיה.

וממשיך לכוחנות וקיצוניות:

עידן הדגים חובב החומר והכסף מחדיר בתחומי האומנות והתרבות מאפיינים של כוחנות, תחרותיות, האצלת סמכויות ומעמדות חברתיים המבוססים על רמת השכלה וממון, השתייכות לקבוצות סוגדות שטן, הקמת ממשלות בשליטת הון-שלטון, קאבל, אילומנטי ודיפ סטייט, בחוקים למעקב ותעמולה להחדרת פחד, מימון ידוענים, אמנים, שחקנים, זמרים, ספורטאים, מעצבי פנים, אופנה, שיער, המשתכרים סכומי עתק ומכתיבים לייף סטייל ותרבות נסתרת של סגידה לשטן ע״י מניפולציות, שטיפת מוחות ולשליטה בהמונים.

עידן הדגים קידם את עולם המדיה והפרסום השקריים, שגרמו לאנשים פחות להאמין בעצמם ויותר לשאוף ולהידמות לאחרים שמצליחים ומתעשרים. עם השנים תופעה הגיעה להקצנה אצל נשים כגון: הפרעות אכילה ונפש, בולימיה ואנורקסיה, הרעבה, תיעוב וסלידה מהמראה הטבעי, שנאה עצמית, תעשיית הפוטושופ, ניתוחים קוסמטיים, הזרקת בוטוקס/ רעלן להעלמת קמטים, ניתוחים פלסטיים, רזון קיצוני כמושג להערצה, קו אופנה עם מידות לא אנושיות וגזרות אחידות לכלל האוכלוסיה, קעקועים ופירסינג, מכוני כושר ופיתוח גוף, תחרויות יופי, ספורט, דיאטה ועוד. כך הוקמה תעשיית הונאה עולמית שמציבה רף גבוה ומרדף למראה בלתי מושג, במטרה למשוך את הציבור להידמות לאחרים הנחשבים ״תקינים ומאושרים״.

במזרח הפעילות הספורטיבית היא רגועה כגון: צ׳י קונג, טאי צ׳י, הליכה, מדיטציה ויוגה. החיים בעבר היו בריאים ופשוטים, לפני החדרת חיסונים שמחלישים מערכת חיסונית והחדרת ריסוסים כימיים ושלל רעלים במים, באויר ובמזון.

ספורט אקטיבי לאורך זמן- מייצר הרס גופני.
ריצה- שוחקת את עצמות הגוף.
רכיבת אופנים ממושכת- פוגעת באזורי הרביה.
מים קרים- מכווצים איברים פנימיים ומים חמימים- מסייעים לגוף.

כפי שהוסבר בספרי *בריאה אלוהית*, האנושות נבראה על ידי החוצנים
בהכלאה בין חוצנית נקבה וגורילה זכרית, אשר שניהם אינם עוסקים
בפעילות גופנית מואצת. לכן הספורט המותאם ביותר לבני אדם הינו
ספורט מתון, כגון: יוגה, הליכה, מדיטציה, צ׳י קונג, טאי צ׳י ושלל
שיטות מאריכות ומשפרות חיים.

בעבר מרבית האוכלוסיה היתה רזה ללא מכוני ספורט, חדרי כושר,
ריצה, רכיבה, התעמלות מואצת ודיאטות. הם פשוט היו פעילים
מבחינה פיזית באופן טבעי כמו עבודות בית/ עבודה בשדות והליכה,
ללא אוכל מתועש אלא בעזרת גידול חקלאי עצמאי, ללא חיסונים
ותרופות כימיות שיצרו מחלות לכדי הקמת עולם רפואה מושחת
המתפרנס מחולי של בני אדם.

לקראת כניסת עידן הדלי, נחווה ׳חזרה אל העבר׳, אל פעילות
ספורטיבית רגועה, שימוש בחומרים מתכלים וממוחזרים, חיים
צנועים, רכוש מועט המאפשר תנועה קלה על פני הכוכב, סחר חליפין,
תרופות ׳סבתא׳ וקוסמטיקה על בסיס טבעי, ללא חומרים כימיים
ומזהמים. שלום עולמי, אחדות אזרחי העולם ללא גבולות וממשלות,
כולם שונים ושווים, כבוד הדדי מבלי צורך לאהוב את כולם, למידה
קהילתית מכל אדם בעל תובנה וידע להתפתחות האנושות.

6. ספורט תחרותי.
תחרויות, פרסים והאדרת האגו.

מזל הדגים מתחיל בטוב:

תרבות ושמירה על בריאות פיזית ונפשית. תחרויות למטרות גיבוש חברתי, איחוד אוכלוסיה, השראה ויצירת חברויות.

וממשיך לכוחנות וקיצוניות:

בעידן הדגים החובב לימודים, תארים, תחרויות, ממון ואגו, התפתחה תעשיית תחרויות במגוון תחומים: ספורט, יופי, מוסיקה, תאטרון, פוליטיקה, אוכל, מופעים, אומנות ותערוכות אשר פרחו והתעצמו. כך נוצר מועדון מושחת השייך רק לאנשי 'התעשיה'. לאיזה אדם הסמכות לקבוע מי מוכשר ומי לא? מי זוכה ומי מפסיד? בשיטת הפרד ומשול, שהרי הכל מבוסס על טעם אישי!

בני אדם מתחרים בינהם מתוך אגו וטיפשות לגבור האחד על האחר, הם מבזבזים אנרגיה יקרה ולעיתים משתמשים בדרכי רמיה כדי 'לנצח', אך את מי הם בדיוק מנצחים?

<u>תחרויות ספורט / אולימפיות</u> - מי קובע את המדרג והניקוד המאלץ את כל המשתתפים להתאים את עצמם אליהם? במטרה אגואיסטית לעקוף את תוצאות המתחרים, מאשר להיות נפלאים כפי שהם.

<u>תחרויות מוסיקה</u> - מי קובע מה נעים לאוזן ומה לא? לאיזה שופט הזכות לקבוע איזה שיר ונעימה הם הנעימים ביותר לאוזן של הכלל? שהרי שהכל טעם אישי, מה שנעים לאחד - בלתי נסבל לאחר.

תחרויות אוכל - מי קובע מה טעים ומה לא? שהרי על טעם וריח אין להתווכח. לאיזה שופט הזכות להציב טעמו כרף לטעם אנין כללי?

תחרויות עיצוב אופנה, פנים, יופי והרזיה - מי קובע מה יפה, איכותי בעל טוב טעם ומה לא? תחרויות מאלצות את המשתתפים להתאים את עצמם לדרישות ׳הסטייל׳ העכשווי הנקבע על ידי יחידים?! לעשות הכל כדי ׳לנצח׳ מאשר להיות הם יחודיים, יצירתיים, בעלי מראה, תובנות ודעות שונות ומיוחדות. כולנו אורחים כאן לרגע, מי יזכור אם היית שמן, רזה או יפה? אלא תיזכר בזכות: אילו תובנות, תועלת ותרומה השארת אחריך.

תחרויות אינן תורמות לקידום האנושות- אלא להאדרת אגו האדם והערצה עיוורת. יוצרות הפרדה ואפליה בין ׳מנצח׳ למפסיד׳.

מפלגות, פרסים והפסדים- גורמים להסתה, פירוד ופילוג בין בני האדם. העדפת האחד על האחר, לכן הם מיותרים מלהתקיים.

הדרך הנכונה היא- ליצור מחנה משותף, לאחד, לגבש בין בני האדם בכנסים, פסטיבלים, מופעים ושווקים, בהם כולם יכולים להשתתף ללא הגבלה ומגבלה ולהציג את כשרונם. קבלת האחר כפי שהוא, מבלי צורך לשנותו או להתחרות בו. כל אדם הוא גאוה של הבריאה.

7. הזנת המונים.
אכילת בעלי חיים ומזון מתועש.

מזל הדגים מתחיל בטוב:

האדם נברא כצמחוני, מהכלאה בין חוצנית לגורילה. הגורילה ניזון מצמחים, עלים, שורשים, פירות ולעיתים חרקים. מזון החוצנית בעיקרו אינו חומרי. האדם נברא כצמחוני והפך לאוכל חיות בעל ניבים לצורכי הישרדות כתקופות של בצורת חקלאית ומאז החל האדם לאכול חיות המשבשות את בריאות האדם ומקצרות את חייו.

בתחילת עידן הדגים, החקלאות היתה מבוססת גידול עצמאי, עתיר סיבים ושומן מן החי. מזל דגים (חובב הבריאות) ומזל דלי (חובב היצירה), הביאו לפני כ100 שנה את ספרי הבישול והאפייה.
כפי שהוסבר מספר בריאה אלוהית, האדם נברא מהכלאה בין חוצנית לגורילה. הבדלים באחוז הדנ״א יצרו שלושה סוגים של אדם:

האדם האסייתי נוצר ראשון (יפן)- ערבוב בין אחוז דנ״א גבוהה מהחוצנית ואחוז דנ״א נמוך מהגורילה.

האדם השחור נוצר שני (אפריקה)- ערבוב בין אחוז דנ״א גבוה מהגורילה ואחוז דנ״א נמוך מהחוצנית.

האדם הלבן נוצר שלישי (אירופה)- ערבוב שווה בין אחוזי הדנ״א מהגורילה והחוצנית.

עם תאוצת הסחר העולמי ותנועת בני האדם על פני הגלובוס, עורבבו בינהם שלושת סוגי האדם ויצרו מגוון רחב של יצירות מופלאות של בני אדם, השונים בינהם ברמת הדנ״א, מראה ויכולת.

וממשיך לכוחנות וקיצוניות:

לקראת סוף עידן הדגים עם גידול האוכלוסיה והצורך בהאכלה עולמית מהירה, פעלו בתחבולות בעלי חברות מושחתים ותאבי-בצע על מנת להגדיל את הרווח הכספי על חשבון בריאות הצרכנים. הם דאגו להוציא את הסיבים מהצומח, את השומן מהמזון ולהחדיר תחליפים זולים וריקים, כגון: תירס, קמח לבן, סוכר לבן, סירופ תירס ומוצריו, תחליפי סוכר ושומן רווי, שימוש בחומרי הדברה רעילים, הוספת הורמונים להגדלת ירקות-פירות ושאר מזונות, השקיית גידול חקלאי במי ביוב והכל מבלי להתחשב בנזק העתידי שיגרם לטבע, חקלאות ולבריאות הצרכנים. כמוכן, גידול מסיבי של בעלי חיים תוך כדי כליאה, התעללות ומניעת חופש, החדרת הורמונים ותוספים לגופם כדי להגדיל את בנפח הבשר, אותו צורכים האזרחים, שהופכים שמנים, חולים, מוגבלים ואינם מאריכים חיים.

עוד ממעללי עידן הדגים ההרסני, כגון: השלכת אפרוחים חיים לאשפה. הזרקת הורמונים והפריית פרות באופן מלאכותי בלתי פוסק, במטרה לייצר כמויות עצומות של חלב (רק פרה הרה יכולה להניב חלב), הפרדת העגל מהפרה מיום לידתו ובידודו לצורכי גידול בשרו, ריבוי בתי מטבחיים, לולי תרנגולות ותנאי תברואה גרועים.

בני האדם שכחו כי כל החי סביב הינו בעל נשמה- האדם, החיות והצומח. על האדם לכבד את סביבתו, שהרי כל מעשי האדם שבים אליו במהלך חייו. רוב בני האדם בעולם חולים, גם בגלל מזון מתועש שאינו מותאם לעיכול, מזון רעיל, אכילת חיות מלאות הורמונים ועוד.

ב-100 השנים האחרונות עברה האנושות שינוי הרסני לרעה, מתוך תאבת בצע, מבלי לכבד ולקחת אחריות על הטבע סביב, כגון:
ריסוסים והדברות כימיות בשמים, במים ובאדמה, חיסונים רעילים המחלישים את המערכת החיסונית, הורמונים לנשים, חוות בקר ולולי תרנגולים עצומים, בריכות דגים מלאכותיות, זיהום מי הים, מזון מתועש, מהיר וזול, מזון קפוא, מזון מרובה פחמימות ריקות וחסר סיבים או ערך תזונתי, אכילה מוגברת של בעלי חיים, הוספת הורמונים לתעשית המזון, תעשיית חלב החיות שאינו מותאם לבני אדם, הוספת סירופ תירס, סוכר ותחליפיו.
כל הנזק הנ"ל, יחד עם מדענים מושחתים שהמציאו מגפות ומחלות מטעם ממשלות ועשירים שטניים, הביאו לעלייה ניכרת בכמות החולים, המחלקות בבתי החולים, סניפי קופות החולים ותעשייה שלמה של למגוון רחב של מחלות הורמונליות, סרטן, סכרת, השמנה, כלי דם, לב, שיבוש בלוטת התריס, מחלות לב וריאה ועוד.

מזון עתיר סוכר ותחליפיו: גורמים לבעיות פירוק מזון ועיכול, השמנה ולצריכה מוגברת. הבעיה הינה בהחדרת הורמונים לחיסונים, בעיקר חיסוני ילדות, לחיות למאכל, לגידול החקלאי, למזון, לתרופות למניעת הריון, כל הנ"ל משבש את המערכת החיסונית, המערכת המינית, תפקוד הגוף הטבעי ותפקוד בלוטת התריס. כל אלו גורמים למחלות, תופעות לוואי, בעיות פריון, זהות מינית והשמנה עולמית.
כל התופעות הללו לא היו לפני מאה שנה, במסה הנוכחית, כשמרבית האוכלוסיה היתה רזה, ללא בעיות פריון, זהות מינית וכמות מחלות.

עם כניסת עידן הדלי תחשף הונאת הבריאות, יופסקו לתמיד כל החיסונים והחדרת ההורמונים לבני אדם, חיות, תרופות, חקלאות ולמזון, יופסקו הריסוסים בדמים ובחלקאות, תהיה חזרה לאכילה צמחונית, גדיול חקלאי עצמי ושיטות ריפוי טבעיות.

8. זיהום הסביבה.
הרס וריקון מאגרי טבע.

מזל הדגים מתחיל בטוב:

שמירה על מאגרי טבע, עיבוד האדמה בעזרת חיות ועבודת כפיים. שימוש בכלים טבעיים, ממוחזרים, שמירה והגנה על החי והצומח, חקלאות חדשנית והמצאת זנים, פירות וירקות חדשים.

וממשיך לכוחנות וקיצוניות:

תוך זמן קצר, ב100 השנים האחרונות מתקופת המהפכה התעשייתית, מתוך חוסר כבוד לאחר, אגואיזים ותאבת בצע גרמו אנשים מושחתים הרס סביבתי נרחב, כגון: זיהום האוויר בשריפת פחם וריסוסים כימיקליים בשמיים, התעללות ואכילת בעלי חיים, גידול מסיבי של בעלי חיים ודגה למאכל בחוות ובריכות, הפריית פרות בהורמונים להגברת כמויות החלב, ציד לוותינים האמונים על סוד הבריאה, ריקון מאגרי הטבע, זיהום האדמה, מי הים ואוויר, הזרמת שפכים למאגרי מים טבעיים, הדברת פירות וירקות, החדרת פלואוריד רעיל למי השתייה ולרפואת השיניים, שימוש בחומרים מסרטנים בתעשיות שונות, ציד חיות וכליאתם בגני חיות והקמת קרקסים כמופעי בידור.

האדם אינו מכבד את הטבע והחיות סביב, לכן הטבע ינער מעליו השחיתות, בעזרת כאוס של אסונות טבע טבעיים או מלאכותיים בידי בני אדם בעלי טכנולוגיה מתקדמת ליצירת אסונות טבע, כגון: רעידות אדמה, סופות רוח, טייפון, צונאמי, הוריקן, ברד, בצורת, בורות בולעניים, שקיעת יבשות, הצפות וכו׳.

"תחילתה של כל יצירה בכאוס תחילה", לכן כאוס זה יחריף עם כניסת האנושות לעידן הדלי, כאשר כוכב הארץ ינער מעליו כל אדם מנצל, מושחת, לא מכבד ומזיק.

למשך מיליוני שנים מארח כוכב הארץ צורות חיים שונות. אימפריות וממלכות מפוארות קמו ונפלו, כך גם אתם- אורחים לרגע. הרס אנושי של מאגרי הטבע באוויר, במים ובאדמה, לעולם לא ישפיע על קיומו של הכוכב אלא על הישרדות כל צורות החיים המאכלסים אותו זמנית.

תדרי כוכב הארץ משתנים ומתעדנים עם כניסתו של עידן הדלי, שיחל רשמית בשנת 2106, עד אז כל כוח יחידני יתרסק ויעלם בזכות הבריאה, כוחות האור והאזרחים שיתלכדו וישיבו אליהם את הכוח לסלק את כל השולט, המושחת והמזיק ובראשם ממשלות, מלוכות ועשירים מושחתים.

בכוח האזרחים יחוקקו חוקים לכיבוד ושמירה על הטבע, החיות ובני האדם, איסור מוחלט לזיהום האוויר, האדמה, הים והשטחים הציבוריים ומעבר לאנרגיה חופשית, חינמית, טבעית.

עם כניסת עידן הדלי תחל התפרקות של משפחות לטובת הקמת קהילות עולמיות, חיים צנועים המאפשרים תנועה חופשית אל עבר יבשות וימים נוספים שהוסתרו מהאנושות על ידי ממשלות, עשירים מושחתים וצורות חיים שטניות ואפלות. תם עידן הדגים הכוחני לטובת עידן הדלי רודף הצדק, האמת והחופש.

9. כסף, כוח ושחיתות. עושר עולמי בידי יחידים.

מזל הדגים מתחיל בטוב:

תרומה ונתינה לקהילה, חיזוק האחר, הטבה, הקמת דמוקרטיה.

וממשיך לכוחנות וקיצוניות:

מזל הדגים הינו מהמזלות הכפולים, יחד עם מאזנים ותאומים, בעלי מצבי רוח משתנים. דגים מתחיל בטוב לב, תרומה ונתינה לקהילה ומתהפך לשליטה, הרס עצמי וחומריות. שליטה בכסף בידי מיעוט תוביל לשליטה בממשלות, חופש האדם ובריאותו, בחיות ובטבע.
הגבר שלט בעידן הדגים וגרם לנזק סביבתי מתוך אגו, תאבת בצע, נרקיסיזם, אהבת הממון, הכוח והמעמד. מתוך הישרדות אגואיסטית שולט הגבר (גם נשים כוחניות) דרך מניפולציות ושחיתויות, במשרות בכירות בתפקידי מפתח, ממשלות, נציגי ממשל, עיריות, שליטים, מלכים, גנרלים, דיקטטורים, צבא ומשטרה, בעלי עסקים, מנהלי חברות ומסחר, עולם הפשע, סרסורים, ברוני סמים, כתות, מנהיגים דתיים ו׳רוחניים׳, אנשי חוק ומשפט ועוד. בעידן הדגים הכסף הינו חומרי, שטרות, מטבעות והלוואות. עידן ההונאות והעבדות הפיננסית כגון: הלוואות, משכנתאות וביטוחים, המאלצים השתעבדות לקוחות.

לקראת עידן הדלי יקבל הכסף ערך גבוה בהרבה מהקיים ומשם תעבור האנושות לפירוק כל הממשלות, לסחר חליפין גלובלי נטול גבולות ומגבלות, כשאזרחי העולם מייצרים וסוחרים ללא תיווכים.

10. נושאים נוספים:
שפות, גבולות, נשק וחיסונים.

👍 מזל הדגים מתחיל בטוב:

מזל הדגים ידוע בחיבתו למסעות, לימודים וצבירת ידע לכן בעידן זה הפליגו בין יבשות, העבירו סחורה ובני אדם. כך התערבבו השפות, התרבויות, הסחורות, הלבוש, התבלינים, המנהגים, הדתות ועוד.

👎 וממשיך לכוחנות וקיצוניות:

גברים אומנם הפליגו וערבבו בין תרבויות ושפות מתוך הפרד ומשול, שהרי ריבוי שפות זרות מפריד בין אנשים. בעידן הדגים הגברים כבשו, שרפו, הרגו, הרסו, השליטו פחד ופגעו בטבע ובבני אדם.

<u>גבולות:</u> בעידן הדגים נהגו הגברים בשיטת <u>הפרד ומשול</u>, לכן לאחר שכבשו, הם סיפחו אליהם יבשות שניתנו מהבריאה לכלל אזרחי העולם, הם הציבו דגל <u>והפרידו</u> אוכלוסיות על ידי הצבת גבולות בין אדמות שהפכו למדינות, <u>כך משלו</u> עליהם והעניקו להם תעודת "אזרחות ודרכונים" וגבו תשלום על אשרות מעבר, ויזות ואישורי עבודה ל"זרים", כך מנוהלת ההונאה הכוחנית מאז ועד היום.

עם כניסת האנושות לעידן הדלי שיחל רשמית בשנת 2106, יקרסו כל הממשלות לטובת הקמת קהילות עולמיות, יתאחדו אזרחי העולם, יוסרו הגבולות בין המדינות לכדי מעבר חופשי ללא ויזות ואישורים, כל אדם יהיה רשאי לגור, לעבוד ולנוע בכל מקום אשר יחפוץ ובמידה וינקוט באלימות, חוסר כבוד לסביבתו ויפר את תנאי הקהילה, תינתן לו ההזדמנות לתקן, לעיתים אף ינודה או יוצא להורג.

שפות: בשיטת 'הפרד ומשול' כל מדינה הבדילה עצמה בדגל, שפה, לבוש, מנהגים ותרבויות, מתוך אגו ועליונות לשמור על 'זהותה', כך נוצרו שפות וניבים, כדי להקשות ולהפריד בין אנשים. בעידן הדלי המתקרב, האנגלית תהיה לשפה עולמית אחת מטרה לאפשר תקשורת מאחדת בין כולם, עד להתפתחות התקשורת הטלפתית.

נשק: עידן גברי של מלחמות בעזרת כלי נשק: חרבות, סכינים, חץ וקשת, התפתחות תעשייתית וטכנולוגית יצרה כלי נשק אוטומטיים, מוקשים, מטוסי קרב, צוללות, פצצות ואטום, שנוצרו במטרה לחסל אויבים. משנת 2025 שלום עולמי יחל במזרח התיכון ויופץ בעולם. עידן הדלי יופחתו כלי הנשק שיהיה בעיקרו לייזר, אור, אויר וגז.

חיסונים ותרופות: אין זה מקרי שמאז שהחלו ממשלות לחסן אוכלוסיות- נבראו מגוון של מחלות, אלרגיות, סימפטומים והפרעות בגוף האדם, להם דאגו חברות התרופות להמציא תרופות בתשלום. אז ראשית מייצרים מחלות ואז מתפרנסים מהם לדורות. כל חיסון ניתן בהונאה שיווקית לדלל את אוכלוסיית העולם המאיימת על הישרדותם של ממשלות, עשירים סוגדי שטן וחוצנים שטניים השולטים בסתר. כל חיסון נועד להחליש את מערכת החיסון הטבעית של האדם, כדי שלא ימרוד ויעשיר את חברות התרופות, המשמשות זרוע ביצועית לממשלות לשלוט במסה ולדלל אוכלוסיה. הממשלות רוכשות חיסונים מכספי הציבור התמים שבעצם מדלל את עצמו.

עם כניסת עידן הדלי, הציבור יאבד אמון במערכות הישנות, ממשלות ועולם הרפואה מושחתים יתרסקו לטובת הקמת קהילות חדשות, תשתיות שיתופיות, רפואה מסמלי האויר של הדלי: רפואת תדרים וצלילים, תאי לחץ, מכשור טכנולוגי חוצני לריפוי מהיר ורפואה טבעית וקדומה.

פרק 3
עידן הדלי

עידן הדלי

קרני העידן: משנת 1638

תחילת העידן: משנת 2106

סיום עידן הדלי: עם כניסת עידן הגדי בשנת 4212

במעגל 7 – מחזוריות 5: **(7)** עידן של תיקון, ריפוי ורוחניות יחד עם **(5)** פירוק הישן, אחדות, חברה, קהילה, סדר, אמת ועשיית צדק.

- קרני עידן הדלי מתחילים תמיד 468 שנים לפני כניסת העידן הבא,

חישוב: שנת 1638 = 468- (2106), 1+6+3+8 =18 = 1+8= 9

- כל עידן אורך 2106 שנים. עידן הדלי מסתיים בחישוב הבא:

שנת 4212 = 2106+(2106), 4+2+1+2 = 9

- סכום הספרות של עידן /קרני עידן תמיד 9 = סיום והכנה לחדש.

מזל הדלי משויך לכוכב אורנוס ממזלות האוויר וסמלו גלים ♒. זהו עידן מתקן ועשיר בעשיית צדק, אחדות, תגליות, תקשורת ורוחניות בשיאה, כשהכוח שב אל ההמון. עד תחילת העידן אזרחים יבטלו: כל כוח יחידני, שחיתות וממשלות- לטובת הקמת קהילות.

כבת מזל דלי ושמי גלי(ם) כסמל העידן, ייעודי כשאר הדליים הינו לסלק את הפחד ולהביא לתובנה: "גלי את הנסתר להמונים".

מאפייני עידן הדלי:

מאפיינים חיוביים:

גילוי האמת, עשיית צדק והגנה על החופש, אחדות, תקשורת, רוחניות בשיאה והקמת קהילות בסחר חליפין. כמו כן, עידן מהיר, רווי המצאות, תגליות , תובנה ומפגשים עם צורות חיים חדשות.

מאפיינים שליליים:

עקשנות, מרדנות, חוסר סבלנות, תמימות וחוסר איזון נפשי (רוח).

סממני עידן הדלי :

קרני העידן החלו משנת 1638 לספירה, כשהמדען הרמאי גלילאו גליליי מהבונים החופשיים, "גילה" כי הארץ והכוכבים סביב השמש.

במהלך 90 שנה, משנת 2016 עד שנת 2106: הטכנולוגיה תואץ, האמת תיחשף וצדק יעשה עם כל אדם מושחת, עם עונשי מוות לרוב, כל כוח יחידני יעלם, ממשלות יקרסו לטובת הקמת וועדות וקהילות, משטרות יוחלפו שהגנה אזרחית, הגבולות יוסרו ואזרחים ינועו חופשי, עידן של צניעות וגידול חקלאי עצמאי, האנושות תתלכד והשפה האנגלית תיהפך לשפה בינלאומית, מחייה זולה וסחר חליפין, המשק העולמי יהיה מורכב מעצמאיים, מדיה עולמית שקרית תתרסק ובמקומם ידווחו האזרחים, מפגשים עם חוצנים וחלליות, נשים תנהגנה, הרפואה הקונבנציונאלית תתרסק לטובת רפואת תדרים וטכנולוגיה רפואית חוצנית: *"הרוח והחומר הינם תנועת גלים (סמל עידן הדלי) והשוני ביניהם מתבטא בעוצמת התדר"*.

1. ביטול הדתות לטובת אמונה חופשית וביטול תחרויות.

עידן הדלי יתקן - את הרס עידן הדגים:

מזל הדלי הינו מזל האוויר (שמים) וידוע בהיותו רוחני. בעידן זה יוחלפו הדתות החומריות באמונה חופשית, עידן שיעסוק רבות ב(רוח)ניות, תקשורים והפעלת עשרת החושים עם 12 סלילי הדנ״א בשימוש האינטואיציה עד לתקשורת טלפתית. כולם בקהילה ישלבו רוחניות, יקבלו מסרים, יתקשרו עם החיות והטבע, יהפכו משכירים לעצמאים, יעסקו באומנות, יצרו מנדלות, יתרגלו מדיטציות ושיטות ריפוי הוליסטיות. עידן הדגים- גבר יחדני שולט. עידן הדלי- אישה, קהילות וחמלה. בעידן הדלי הנשי, ישו (יהושע היהודי) ישוב בשנית בדמותם של נשים רבות, שתבאנה חמלה, בשורה ותקווה לאנושות.

ביטול הדתות

עד לפני כ100 שנים הדתות מנעו את העיסוק ברוחניות, כדי למנוע תקווה ולשלוט באנשים. לקראת כניסת עידן הדלי בשנת 2106, הבריאה מחדירה לכוכב הארץ תדרים עוצמתיים מלאי חמלה, אהבה, מעורבות קהילתית, אחדות אזרחי העולם והסרת הגבולות, ביטול ממשלות, גילוי האמת, עשיית צדק, שלום עולמי וכבוד לחי ולטבע.

מזל הדלי הוא מזל האמת והצדק, לכן שיטות לימוד דתיות ורוחניות שנשמרו בסוד, הופצו לשימוש ב100 השנים האחרונות. כל הדתות נוגדות את חופש האדם ומנוהלות מתוך חומר, לכן לקראת כניסת האנושות לעידן הדלי- יבוטלו: כל הדתות, בתי התפילה, ספרי הדת והעיסוק בדת, לטובת אינטואיציה/ תקשור עם הבריאה ללא תיווכים, אמונה חופשית נטולת חומר, הקמת קהילות, אחדות, חשיפת האמת,

עשיית צדק, תיקון, ביטול ממשלות ושחיתות וריפוי בני אדם, חיות וטבע בטכנולוגיה טבעית-חוצנית ומפגשים עם בוראנו החוצנים.

ביקום אין דתות - אלא אמונה חופשית.

המחיצות בין הדתות יוסרו ויתאחדו בהדרגה, שהרי חומר לעולם אינו קדוש - פרט לרוח האדם, הנשמה.

הדת סובבת חומר ונוגדת את חופש האדם. דת אינה רוחניות.

עם כניסת עידן הדלי, רמת ההשכלה תגדל, לכן תפחת הדת לטובת אמונה חופשית נטולת חומר.

בעידן הדגים שלטו הגברים דרך כוח, חומר, ממון, שפע, חוסר כבוד ודתות, בעידן הדלי תנהגנה הנשים בחמלה, אמונה חופשית נטולת חומר, חיי צניעות וכבוד לכל הטבע, החיות ונבראי הבריאה.

זכרו: "לא תעשה לך רב ולא גורו"..." לא בכוח ולא בחיל אלא ברוח"
הבריאה אינה זקוקה 'לעבודת השם', הנחשבת עבודת אלילים. האלוהות אינה נמצאת בחומר, אבנים, תפילין, טלית, כיפה, מצבות, ספרי דת, היכלי תפילה, ארון "קודש", טקסים או לבוש- כל הנ"ל משוייך לחומר. הכוח נמצא באמונה ובנסתר, לכן אלוהים/ הבריאה לא יחשפו עצמם, כי הכוח נמצא בנסתר וכל חשיפה מפחיתה מכוחו.

מעצם בריאתכם הנכם חלק מהבריאה, לכן אין צורך במתווכים כדי להגיע לאלוהים. חומר לעולם לא יהיה קדוש אלא רק הרוח, הנשמה ואתם ככדורי האור שבוחרים בכל גלגול להפיח חיים בגוף חומר לצורכי תיקון כדי להעיד על עצמכם ובכך להעיד על טיב האלוהים.

תיקון תנכ"י לאמונה חופשית

<u>עידן הדגים החל בהולדת ישו</u>- יהושע היהודי, שהקדים את זמנו בעידן והביא בשורה לאנושות: "ביטול הדתות ועבודת האלילים, אלוהים הוא אהבה ויש להעניק חופש בחירה ולכבד האחר ללא צורך בפולחן והקרבת קורבנות, אלא להיות אנשים טובים האחד לשני כי כל מעשי האדם שבים אליו במהלך חייו".

ישוע נשלח לכוכב הארץ לא כדי להמציא את דת הנצרות, אלא כדי לסיים את עידן הדתות לטובת אמונה חופשית, אך הקדים את זמנו בעידן. דבריו החדשניים הגיעו לאוזניהם של חברי הסנהדרין היהודי הכוחני שחששו שדבריו שעלולים להביא למפלתם, לכן הסיתו את הרומאים עליו ועל כן הוא נשפט באשמת מרידה והתחזות *למלך היהודים* ונידון למוות בצליבה.

לאחר מות ישוע, הומצאה בשמו דת הנצרות למרות שהתנגד לדתות. הנצרות שינתה פניה לסגידה לשטן, צבירת הון חובקת עולם, שליטה במאמינים ופגיעה בילדים, עד להקמת מדינה דתית יחידה והיא מדינת הוותיקן ברומא תחת האפיפיור. מדינת הוותיקן סגדה לשטן, פגעה בילדים והעצימה את הפדופליה, גנבה את רוב הזהב בעולם. מדינה שהונתה מיליוני מאמינים תמימים. בעידן הדלי חשיפת האמת תוביל לגילוי פשעים נגד האנושות שבוצעו בידי הוותיקן, מלוכות וממשלות לכן הם ינופו מהעולם.

עם כניסת האנושות לעידן הדלי, האנושות תחשף לאמת המזעזעת והונאה הדתית תוך כדי עשיית הצדק לתיקון הקרמה התנכ"ית שחיכתה אלפיים שנה להתממש מרצח ישוע, שניסה להביא בשורה לשלום ואחדות שיחלו להתממש משנת 2025 עם כניסת שנת האור, כאשר שלום יחל במזרח התיכון ויפוץ לכל העולם.

"והייתם אור לגויים": תפקיד היהודים בעולם הינו להביא אור, בשורה, תקווה, להוות דוגמא לאחרים ואף לסבול למען אחרים.

הריגת יהודים חפים מפשע: מכבה את האור בעולם ומעצימה את כוח החושך, הרוע והשטן, כפי שהיה בתקופת החושך במלחמות העולם.

בעידן הדגים ממנו אנו נפרדים, שלט האגו הגברי, לכן דתות לא התקיימו בשלום, אלא פילגו ופיזרו שנאה דרך שליטה, כפיה דתית ועד להכחדת השונה. עם כניסת האנושות לעידן הדלי, עם חשיפת האמת המזועזעת יבוטלו הדתות בהדרגה, דרך כאוס, גרימת סבל והקצנה דתית-חברתית, עד לאי אמון ציבורי ורתיעה מהדתות.

"תחילתה של כל יצירה בכאוס תחילה": הבריאה תייצר כאוס עולמי, במהלכו תחשף האנושות לאמת, תאבד אמון ותחליף את הדתות לטובת אמונה חופשית.

לקראת כניסת עידן הדלי, ישוע ישוב בדמותן של נשים, שיובילו את האנושות לביטול כל הדתות לטובת אמונה חופשית, אחדות, הקמת קהילות, ריפוי, הרגעה והענקת תקווה להמונים, ערבות הדדית, אחווה, שלום עולמי, סחר חליפין, ביטול שחיתויות והונאות, ביטול כל כוח יחידני משעבד, מרעיל ומנצל והסרת ממשלות וגבולות.

ביטול התחרויות

תחרויות ספורט, יופי, חשיבה ומוסיקה- יחדלו מלהתקיים. פרסים והפסדים גורמים להפרדה, העדפת האחר ותחושת "ניצחון או הפסד".

בתחרויות יופי ושירה: כל אדם הינו מיוחד. יופי וקול מבוססים על טעם אישי, מה שיפה ונעים לאחד- אולי פחות לאחר. מי יזכור חיצוניות יפה? קול יפה יישאר כמזכרת אחרי מותך לשימוש הרבים.

בתחרויות ספורט: שחייה, ריצה, טניס, כדורגל, כדורסל וכו'. האם באמת חשוב לדעת למי מהשחקנים יש יכולת פיזית טובה יותר? ספורט לא מקדם את האנושות, אלא עוסק בהערצה, הימורים, האדרת האגו והעשרת יחידים.

בתחרויות חשיבה: מתמטיקה, שחמט, סודוקו, חידונים וכו'. האם חשוב לגלות מי בעל יכולת שכלית וזיכרון טובים יותר ובזמן קצר? תחרויות אלו לא קידמו את האנושות, אלא עסקו באדרת האגו והעשרת יחידים.

פרסי נובל: הפרס אכן נובל כמו פרח, אכן פרס לכל נוכל. זו מערכת של כוח יחידני, לכן פסולים מלהתקיים. הזוכים בפרס נבחרים על ידי צוות שופטים המתוגמלים כספית, שנהנים מטובות הנאה ותרומות ומחלקים סכומי כסף גדולים ל"זוכים". ממתי דעתם של יחידים אלו קובעת מי ראוי לפרס "כתורם לאנושות" ומי אינו תורם לאנושות?

אלוהים העניק לכל אדם שנולד תפקיד ותרומה, אחרת לא היה נולד. לכולנו יש תפקיד חשוב בשרשרת הבריאה. עם כניסת עידן הדל תתנקה השחיתות ואיתה כל התחרויות, גם פרסי נובל.

<u>**כל תחרות הינה פסולה מלהתקיים,**</u> מכיוון שהיא מייצרת הפלייה ומציבה אדם אחד מעל האחר.

<u>**פרס יחדני אינו מקדם את האנושות– אלא פעולה קולקטיבית.**</u>

<u>**אף אדם לא מצליח בחייו ללא עזרת האחר, לכן לכולם מגיע פרס.**</u>

2. דלי: מזל האוויר.

המצאות בתנועת אויר,גז ואנרגיה.

<u>מזל הדלי יתקן – את הרס עידן הדגים:</u>

יסוד עידן הדגים הינו מים, לכן הטכנולוגיות והחידושים סבבו: תעבורה על מים, יצירת אנרגיה בלחץ מים, שאיבה ושריפת נוזלי דלק ושמנים, הידראוליקה, בניית אניות, ספינות, צוללות, סכרים, בריכות, ג׳קוזי, סאונה, שיטות הידרו(מים) תרפיות ועוד.

יסוד עידן הדלי הינו אויר וסמלו גלים ♒, לכן הוא שולט על תנועת האוויר/ הגז. משנת 1638, מתחילת קרני עידן הדלי ועד היום, השימוש בגז ובאוויר התעצם: כדור פורח, מאוורר, מזגן, מפוח, פן, מנוף הידראולי, טורבינות רוח בים וביבשה, תשדורות גלים, אנטנות, רדיו, לוויינים, כלי טיס, טלפונים סלולריים, לייזר, גלי חשמל, גלי מיקרו, גלי קול, גלי אור, גלי ריח, ננו- טכנולוגיה וטכנולוגיית תדרים.

אנרגיה ירוקה

עם כניסת עידן הדלי, תחשף הטכנולוגיה החשמלית שהיתה נהוגה בעבר אך הופסקה והוסתרה ע״י עשירים וממשלות, ייצור חשמל משרפת פחם יפסק לטובת בחשמל מאויר באופן טבעי ובחינם. שימוש בעמודי חשמל בטכנולוגית טסלה ושאר סוגי אנרגיה טבעית ירוקה ואינה מזהמת, שימוש בתדרים לצורכי הפקת אנרגיה, הנעה וריפוי, הפקת אנרגיה טבעית דרך תנועת הרוח, האדמה והמים, הפקת אנרגיה מחום השמש הנאגר במשטחים.

המצאות ותעבורה אווירית

מכשור והנעה בעזרת לחץ אויר וגז: שימוש רב בתדרים, מגנטים, גלים וגזים, שיעזרו בשינוע חפצים, מוצרים ואנשים. הובלת סחורה וציוד, בעלי חיים ובני אדם בתוך קפסולות שומרות לחץ פנימי אחיד והטסתם ליעד הנדרש בשימוש בלחץ אויר ובמהירות אדירה.

מזל הדלי כמזל האוויר, יביא לחידושים והמצאות של כלי תחבורה ותעופה המונעים בגז, בלחץ אויר ובאנרגיה ירוקה. כלי תעבורה מעופפים, רחפנים, מטוסים, חלליות ושלל כלי טיס. כמוכן יהיו כלי תחבורה הנעים על האדמה באנרגיה סולרית, אויר וגז, כלי תחבורה מרחפים באוויר, כלי תחבורה שיצוידו במגנטים, חיישנים ותוכנות אלגוריתמיות למניעת תאונות ומפגעים באויר ולשם כך תדולל כמות עופות השמיים באופן טבעי או יזום.

צפויים ביקורים של כלי טיס, חלליות, מראות וקולות מן השמיים, מפגשים עם בוראנו החוצנים וצורות חיים שונות, אשר יעניקו ידע בתעופה וטכנולוגיית ריפוי לאנושות. הגבולות בין המדינות יוסרו, תחבורה מונעת לחץ אויר וגז תחבר בין יבשות וארצות, כאשר אזרחים יורשו לנוע, לגור ולעבוד היכן שיחפצו, ללא צורך בהיתרים ואשרות. ביטול הנכסים הפרטיים לטובת מגורים בתנאי שכירה וחכירה. ממשלות יקרסו לטובת הקמת קהילות אזרחיות.

תקשורת חברתית

המזל המשלים בגלגל המזלות מול מזל דלי הינו מזל אריה ולו מאפיין חיובי: חשיפת האמת, עשיית צדק, הנהגה, אחדות, מהפכות אזרחיות ורשתות חברתיות, דרכן אזרחים יהפכו לערוצי התקשורת. הבריאה תמיד מייצרת כאוס כדי לסיים וליצור, שהרי: *"תחילתה של כל יצירה מחייבת כאוס תחילה"*.

לכן הבריאה מעניקה כוח למושחתים, נציגי ציבור וגופי תקשורת גדולים לתמרן, לייצר תעמולה שקרית ולפגוע בחופש האדם, במטרה שאזרחים יאבדו אמון בהם, בממשלות ובערוצי המדיה הגדולים ויבנו מערכות קהילתיות, יחשפו האמת ויעשו צדק וינפו מושחתים. הכל משתבש לטובה, לפי תכנית הבריאה. המחשוב והטכנולוגיה יהפכו מהירים עד לכדי יישום תקשורת טלפתית.

<u>הבריאה תמיד תחדיר ידע ותיישם את השינוי באופן הדרגתי:</u>

תחילה באמצעות טלפון חוגה- לטלפון קווי- לטלפון אלחוטי- לטלפון סלולרי- לאוזניה אלחוטית, כדי ליישם תקשורת טלפתית.

רובוטיקה

<u>מאפיין חיובי</u>: ייצור רובוטים, גם בעלי חזות אנושית לשימוש ככוח עזר פיזי ונפשי לבני האדם, הטבע ובעלי החיים.

<u>מאפיין שלילי</u>: רובוטים אלו עלולים להיות תחת שליטתם האפלה של גורמים וממשלות ולשמש לצורכי שליטה ופגיעה בחופש וחיי אדם.

בני האדם אמורים להתקדם באופן טבעי בלבד כשאר צורות החיים, באופן אבולוציוני על ידי: מחקר תמידי, קבלה ויצירת תובנות, חדשנות יצירתית, שימוש 12 סלילי הדנ״א ובעשרת החושים דרך חוש האינטואיציה ולא באופן מלאכותי עזרת בינה, עזרים אלקטרונים מלאכותיים, החדרת שבבים או תוספים אחרים על פני העור או בתוך גוף חי.

בינה מלאכותית תפתח מכונות עם חשיבה עצמאית, שישלטו לרעה ביוצריהם בני האדם ולהביא לכאוס הרסני, לכן הבריאה תאסור זאת ותמנע מכך להתקיים.

3. אחדות וחופש האדם.
שלום עולמי נטול ממשלות מושחתות.

<u>מזל הדלי יתקן – את הרס עידן הדגים:</u>

שיויון זכויות ושפע כלכלי לכולם, ללא עשירים ועניים. מעבר אזרחים בין מדינות ללא ממשלות, גבולות או צורך באשרות כניסה ועבודה.

<u>נוכלות עידן הדגים</u>: כשאתה עשיר ושולט בכסף - אתה שולט בממשלות, מקים ארגוני טרור, רוכש מפעלים, ארגוני בריאות וערוצי מדיה השולטים באינפורמציה להמונים, כך אתה שולט בעולם.

<u>הבריאה תייצר כאוס עולמי עם כניסת האנושות לעידן הדלי</u>: כוח יחידני של עשירים מושחתים סוגדי שטן, שרכשו ממשלות, הקימו ארגוני טרור ושיבוש המינים, רכשו ערוצי מדיה ובריאות שיובילו הונאה רפואית עולמית, במטרה לדלל את מסת אוכלוסית כוכב הארץ המאיימת על הישרדות ממשלות בבעלותם, כפי שעשו כל מאה שנה.

בעזרת הונאה רפואית: הם יפיצו שקרים בערוצי המדיה שבבעלותם, יכפו סגרים, יהרסו את הכלכלה, יפגעו בחופש האדם, הביטוי והתנועה, ישמרו על צייתנות בעזרת כוח משטרתי, כדי לפגוע בחיי אדם ודלל אוכלוסיה.

אין מקריות שהרי כל כאוס משבש לטובה ופועל על פי תכנית הבריאה לייצר סדר אזרחי חדש יקים את התשתיות החדשות של עידן הדלי, בתקופת ההונאה הבריאותית הגדולה, הבריאה תעמיד במבחן כל אדם במבחן עגל הזהב, באם יבחר האדם בחומר ובכסף או ברוח ובאמונה באלוהים שברא אותו בריא. הבריאה תייצר קרמה מיידית, כך שכל אדם ישלם או יתוגמל על מעשיו באופן מהיר בעודו בחייו.

הכל פועל לפי תכנית הבריאה, *"תחילתה של כל יצירה בכאוס תחילה"*, לכן הכל משתבש לטובה וכאוס מבורך זה, ישיב הכוח לאזרחים שיאבדו אמון בתשתיות הקיימות, יובילו לניקוי השחיתות העולמית וביטול כל כוח יחידני: ממשלות, משטרים, מלוכות, מונופולים, אנשי הון, גופי כוח, עבדות כלכלית, סחר בבני אדם ועוד.

הכוח ישוב אל האזרחים שיחשפו האמת, יעשו צדק מהיר בבתי משפט צבאיים (לרוב עונשי מוות), שלום עולמי יחל במזרח התיכון ויתפשט בעולם, עיסוקים כעצמאים, איחוד, שיתופי פעולה, נשים תנהגנה בחמלה, הקמת בתי ספר קהילתיים, הקמת קהילות, ערבות הדדית, סחר חליפין, גידול חקלאי עצמאי, שמירה על החי והצומח, צמצום תרבות הצריכה, חיים בצניעות ומעבר חופשי בין יבשות וכו'.

איחוד וקהילות

ב 50 השנים האחרונות, הבריאה מצמצמת את מקורות עבודה במדינה אחת ופותחת באחרת, כשחלוקת הידע היא ספק העבודה הגלובלי עם מעברי כוח אדם מיומן ומקצועי בין מדינות. במטרה עולמית לשתף ידע, לבטל את הגבולות, לאחד את האנושות, לאלץ את בני האדם לנדוד, לחלוק ולעבוד בכל מקום שיחפצו, כהכנה לעידן הדלי.

<u>תכנית הבריאה לקראת כניסת האנושות לעידן הדלי בשנת 2106</u>: תחילה להשתמש בגורם הנזק ליצירת כאוס מבורך ואז לחסלו.

כך משתמשת הבריאה בכוח יחידני של עשירים בעלי כוח השולטים בממשלות בבעלותן ופועלים בשיטת הפרד ומשול, כדי להסית, להפריד, לשלוט ולדלל אזרחים מפוחדים וצייתניים. <u>תפקיד הכוח היחידני הינו לייצר כאוס מבורך</u> שיתהפך לטובת אזרחי העולם, יחשוף האמת, יאחד אותם להתלכד, לעשות צדק ולסלק כל מושחת, כוח יחידני, ממשלות וגבולות לטובת הקמת התשתיות הקהילתיות.

האזרחים יבינו כי העושר אינו שייך למיעוט עשירים סוגדי השטן, שיועמדו למשפטי בזק, יחוסלו והונם יחולק לכל אזרחי העולם, כי עידן השלי מביא עימו עשיית צדק מהיר ותיקון קרמתי תנכ״י.

הבריאה בוראת כל יצירה חדשה דרך כאוס, לכן היא מאפשרת בחירה לעשירים לשלוט לרעה בממשלות וגופי כוח, במטרה ליישם את <u>תכנית הבריאה להלן</u>:

לחשוף את תכניתם של אנשי ההרס, כך שההרס שהם יצרו- ישוב להרוס אותם כקרמה. עשירים מושחתים סוגדי שטן שניהלו את העולם בכספם, הם הקימו בנקים, יצרו מלחמות, רעב ואף יצרו אסונות טבע (באופן מלאכותי בעזרת ציוד טכנולוגי מתקדם) ולאחר מכן שלחו סיוע ׳הומנטרי׳ בשיתוף ראשי ממשלות מושחתים, במטרה לשנע כמויות פליטים בתרמית כדי להרוס את המדינות מבפנים ובעיקר כדי לחטוף ילדים ומבוגרים לצורכי פדופיליה וסחר בני אדם.

האדם יפעל לשינוי, רק כשזה מפריע ומשפיע על חייך באופן אישי, לכן כאוס זה, ילכד את האזרחים להשיב חזרה אליהם את כוחם לכדי ביטול כל כוח יחידני, מושחתים, ממשלות, נשיאים, רודנים, מלוכות, צבאות, משטרות, עשירים, גבולות וכו׳, שיקרסו בהדרגה וייעלמו לטובת הקמת וועדות עממיות וקהילות אזרחיות, ערבות הדדית, הנהגה אזרחית ונשית, חשיפת האמת שהוסתרה אלפי שנים, הסרת המגבלות לטובת שקיפות, כבוד, חופש ואכפתיות הדדית.

שלום עולמי

בזכות מהפכות אזרחיות בעולם, יוסרו בהדרגה הגבולות בין המדינות עד אשר יעלמו ועמם יעלם בידודו של כוכב הארץ.

החל משנת 2025 שנת האור תכנס לכוכב הארץ ויחל שלום עולמי במזרח התיכון, אשר יתפשט בהדרגה עם השנים.

הכוח שב להמונים

עם כניסת קרני עידן הדלי משנת 1638, הכוח החל לשוב מהשליטים היחידים אל האזרחים בעזרת כאוס אזרחי, להלן מס׳ דוגמאות:

<u>המהפכה הצרפתית:</u> שארכה 10 שנים והביאה לסוף תקופת המלוכה והמעמדות בצרפת.

<u>מלחמת האזרחים בארה״ב:</u> שהביאה לביטול העבדות, חקיקת חוקה והענקת זכויות לאזרחים.

<u>מלחמת העולם הראשונה, שיצרה את מלחמת העולם השנייה:</u>

רוב מלחמות העולם תוכננו ומומנו בידי עשירים-כוזרים-ציונים סוגדי שטן. בכספם הם שלטו, פתחו במלחמות, הרסו כלכלות וניהלו את העולם. רובם התחזו ליהודים והסתתרו כמגן מאחורי גבם של היהודים אשר סבלו וסובלים מאנטישמיות בגללם. לאחר מלחמת העולם השנייה הם הקימו את תאגיד ׳מדינת׳ ישראל, כדי לחסל את היהודים שנותרו והמציאו בתרמית את המונחים ציון, ציונים וציונות. מטרתם היתה לשלוט עם כספם בעולם, בממשלות, בכלכלה, במדיה, ברפואה, לדלל אוכלוסיה שמאיימת על הישרדותם ולהשמיד יהודים במטרה לכבות את האור בעולם ולהעצים את אמונתם בשטן שמעניק להם בתמורה: כוח, כסף, ממון, פרסום ושליטה.

מלחמת ווייטנאם: הסתיימה בזכות לחץ ציבורי אמריקאי.

חומת ברלין: נפלה בזכות דיווח שגוי בתקשורת הרוסית ועקשנותם של אזרחי גרמניה.

אנו נפרדים כעת מעידן הדגים (כוח יחידני) ונכנסים לעידן הדלי (כוח אזרחי) שיחל רשמית בשנת 2106: כלומר פרדה מכל כוח יחידני, ממשלות ומשחיתות, לכן צפוי כאוס עולמי שישיב את הכוח לאזרחים במהפכות אזרחיות, כדי לפרק ממשלות, נשיאים, מלוכות, צבאות, מונופולים, מושחתים, פדופילים, סוגדי שטן, משטרות וצבאות.

ממשלות חוששות מכוח אזרחיהם, לכן הן חוקקו חוקים בניגוד לחופש האדם, חוקים נגד "הסתה והמרדה" והוקם גוף "לביטחון פנים", על מנת למנוע מהפכות אזרחיות מבפנים. עידן הדלי הוא שקובע את מהלכי האנושות ולא בני האדם, לכן הכוח ישוב לאזרחים.

משנת 1638, החלו קרני עידן הדלי להאיר ולהביא לשינוי בעולם: הקמת ארגוני צדקה ושמירה על חופש וזכויות האדם, הילד והאישה. שיפור ניכר בזכויות חסרי ישע, חוקים להגנה על איכות הסביבה-החיות והטבע, שחרור בעלי חיים מגני החיות והקרקסים והשבתם אל הטבע. ביטול העבדות, ביטול העסקת ילדים וקביעת גיל מינימלי לנישואין ונחקקו חוקים לחופש הביטוי והעיסוק ואף הוקמו ארגונים ועמותות לעזרת הקהילה. מתחילת המהפכה התעשייתית, החליפו המכונות שיעבוד אנושי, כשמטרת הבריאה הינה להקל על בני האדם.

מפגשים עם חוצנים

עם כניסת האנושות לעידן הדלי, הבריאה תכין את בני האדם למפגשים עם חוצנים וצורות חיים שונות. תחילה יופיעו בשמים כלי טיס ובהדרגה עם השנים ועם מוכנות האנושות יתקיימו מפגשים.

האנושות בכוכב הארץ חייבת לחוות סבל מבעלי כוח יחידני, על מנת להגיע למצב של פניה ובקשת עזרה מהחוצנים, שיגיעו גם לעזור ולרפא את האנושות, החיות והטבע בעזרת בטכנולוגיות מתקדמות.

הבריאה תאפשר לבעלי הרשתות החברתיות השטניים הכוזרים, לפגוע בחופש האדם והביטוי, מחיקת פרסומים, הרחקה וסגירת חשבונות, הנ״ל יצור כאוס לטובת האזרחים, שיחשפו את האמת אודות בעלי הרשתות, יאבדו את אמונם בהם, יפעלו לפי תכנית הבריאה ויקימו ערוצים חלופיים, שלא היו מוקמים אילמלא הכאוס.

לפי ספרי 'העתיד', האנושות נעה בסבבים של 52 שנים, אשר מחולקות ל27 שנים ראשונות של בריאה כשלאחריהן 25 שנים של כאוס. <u>סבב הכאוס של 25 שנים החל בשנת 1998</u>, עם הקמת גוגל והרשתות החברתיות השייכות לעשירים שטניים ושולטות על שטיפת מוחות, חופש המידע והביטוי. הסבב <u>יסתיים בשנת 2023</u> עם סיום ההונאה הרפואית העולמית וקטל של מיליוני אדם, שיגרום לאזרחים לאבד אמון בעולם הרפואה לטובת הקמת תשתיות קהילתיות חדשות.

מגורים

אנו נפרדים מעידן הדגים, במהלכו האנושות הופרדה לרעה ממחייה בקהילות ושבטים עד לכדי מחייה בתא משפחתי קטן ומבודד. עידן הדגים מצטיין באהבתו, לכן הוקמו הבנקים למתן הלוואות לאשליית רכישת בתים וקרקעות תוך כדי יצירת עבדות כלכלית המשעבדת את האזרחים אל הבנקים. הבנקים והממשלות יצרו אשליית ביטחון ברכישת קרקעות ונכסים, שאותם רכש הציבור בעלות גבוהה בהרבה מערכם בפועל והשתעבד שנים לבנקים וחברות הביטוח.

בעידן הדלי המתקרב, תשוב האנושות למחייה בצניעות, בקהילות ושבטים, לגידול חקלאי עצמאי, סחר חליפין, ללא רכישת נכסים אלא

מחייה ארעית בתנועה מתמדת ללא מקום קבע כדי לאפשר לאנושות לנוע ולגלות יבשות שהוסתרו מהאנושות.

בעידן הדלי, תוחלת חיי האדם תתארך ל 200-400 שנים בעזרת:

הפסקת כל החיסונים, ביטול עולם הרפואה שמתפרנס מחולי, הפסקת ריסוסים כימקליים בשמיים ובחקלאות, הפסקת השימוש בפלואוריד, איסור על פליטת קרינה מאנטנות ועמודי חשמל מסרטנים, איסור אכילה מהחי על ידי הרס חקלאי עולמי לטובת גידול וייצור עצמי.

מבני המגורים ודיור ציבורי יבנו בחינם על ידי הקהילות. ניתן יהיה גם לשכור מבנה מגורים לתקופה ללא רכישה. באופן זה האנושות תנוע ללא מחוייבות לחומר ותהפוך את המגורים לסוג של תיירות דינאמית חופשית, הגבולות יוסרו ואנשים ינועו בחופשיות.

כך תצא האנושות מן הבדידות שנכפתה עליה במירמה על ידי ממשלות ועשירים מושחתים שהסתירו את גודלו האמיתי של הכוכב. קהילות יפרחו, יחברו בין צורות חיים שונות בעזרת האינטרנט, מדיה קהילתית, ערוצים עצמאיים וטלפתיה. עידן של שיתוף, התנדבות, עזרה, לסביבה, איחוד, ושלום עולמי.

הכל מתוכנן ופועל בהתאם לתכנית הבריאה: ״תחילתה של כל יצירה בכאוס תחילה״. עם כניסת סימני עידן הדלי, הבריאה תדחוף עשירים מושחתים לייצר הרס רפואי עולמי במטרה ליישם ולהביא את עידן הדלי ואלו סימניו:

חשיפת האמת, עשיית צדק מיידי, הסרת כל כוח יחידני, ביטול ממשלות, פתיחת בתי הכלא לחינוך מחדש, עונשי מוות מהירים לכל אשר לקח חיים בשוגג או בכוונה, ערבות הדדית, ללא עבדות כלכלית עם חופש ביטוי, תנועה, אחדות והקמת קהילות עולמיות.

4. עידן האישה.
הנהגה והעצמה נשית.

מזל הדלי יתקן – את הרס עידן הדגים:

אנו נפרדים מעידן הדגים ומהעידנים שלפניו שצויינו בספר ׳העתיד׳, במהלכם שלטו גברים על אוכלוסיות בשיטת ׳הפרד ומשול׳: נלחמו וכבשו אדמות וימים, הגדירו גבולות, יצרו שחיתות שלטונית, הקימו ממשלות וגופי כוח יחידני והעזרת הכסף שלטו בציבור.

בעידן הדלי יפורקו: כל כוח יחידני, מלוכות, עשירים וממשלות, גופי כוח מושחתים, חובות ימחקו ויתאפסו ועבדות כלכלית תאסר.

הנהגה נשית

עוד מתקופת התנ״ך נשים היו חסרות מעמד, סחרו בהן והן סבלו למשך אלפי שנים וחלקן עדין סובלות עד היום מאי שיווין מגדרי מבחינת פרנסה ושכר, מעמד וקידום ואפילו בפן הדתי, כאשר נשים בבתי כנסת מורחקות מהיכל התפילה וארון הקודש אל חלל נפרד ׳בעזרת נשים׳ כי נשים תמיד הוחשבו בידי גברים רק ככוח עזר. עם השנים נשים הגיעו למסקנה שהן יכולות לשרוד מבחינה כלכלית ללא עזרת גברים או מחיה משותפת עם גברים: כנשים עצמאיות, נשים בעלות משרה ומעמד, נשים חד הוריות, נשים גרושות וכו׳.

״כל יצירה תחילתה בכאוס תחילה״, לכן הבריאה ׳מתעללת׳ בנשים כדי לעורר ולהעצים אותן עם כניסת עידן הדלי:

נשים נאבקו לקבל <u>זכות הצבעה</u> החל מסוף המאה ה18 וזכו לכך רק לפני כ100 שנה בלבד, משנת 1920 לערך. כמוכן החל מסוף המאה ה18 במקביל לעבודתן בבית, נשים אולצו לצאת מהבית כדי לעבוד

בחנויות, בתעשייה ובמפעלים שונים, גם במפעלי תחמושת במהלך מלחמות העולם. כמו כן, חוקים נחקקו לשמירת זכויות הנשים, הילדים ואף הוקמו ארגוני נשים להעצמה נשית ברחבי העולם.

"שפע מקבע - מחסור מניע" =

בזכות מחסור בצדק ושיווין זכויות, נשים מניעות עצמן ונאבקות על זכותן, לא נכנעות לשליטה או לאלימות הגברית וכבר היום בוחרות לא להינשא, להתגרש, לחיות עם בת זוג או להקים משפחה יחידנית.

למשך אלפי שנים גברים הרסו את העולם ושלטו בנשים. בעידן הדלי, מתוך אובדן באמון בגברים, נשים תקמנה כפרים, קהילות וערים לנשים בלבד. נשים ילכדו, ירפאו, ידריכו וינהיגו בחמלה.

גברים לרוב הם כוחניים, נקמנים ובעלי אגו הפועלים לרוב לבד לכן הגענו למצב הכוחני, ההרסני והמושחת בו אנו חיים, מצב אליו הובילו לרוב גברים מיעוט של עשירים שהמחזיק ב90% מהשפע והממון העולמי, (בל נשכח שיש גם נשים כוחניות בעלות תדר גברי). בניגוד לגברים, נשים לרוב פועלות בשיתוף, בקהילות, בחמלה, אחווה, דאגה, טיפול, סיעוד, הדרכה וחינוך.

אנו נפרדים מסימני עידן הדגים, כוח יחידני גברי שולט בעולם, פירוק ממשלות, כל מוסדות הכוח והשליטה באזרחים, ונכנסים לעידן הדלי: עידן הנשים, הקמת קהילות, חשיפת האמת, צדק, תיקון העבר.

שלום עולמי יחל בשנת האור

עם כניסת האנושות לעידן הדלי המהיר, ניקוי עולמי יחל משנת 2017 מסוגדי השטן, כוח יחידני, ממשלות ושחיתות. במקביל יקימו האזרחים תשתיות קהילתיות לחיים נוחים, צנועים ובעלי חופש.

לקראת כניסת עידן הדלי, תכניס הבריאה אנרגיה קוסמית עצומה <u>בשנת האור שתחל שנת 2025</u>, לתחילת שלום עולמי במזרח התיכון שיופץ בעולם. כוח האזרחים יתלכד בעולם, יבוטל כל כוח יחידני, ממשלות, עשירים מושחתים, סוגדי שטן, פדופילים וסוחרי אדם. בהדרגה יוסרו הגבולות ואזרחים יתלכדו ויקימו קהילות.

דילול אוכלוסין טבעי

בעידן הדלי נשים לא תרצנה להביא ילדים כדי למצות את החופש שלהן ללא נטל ההורות. נשים לא תרצנה לחיות בתא משפחתי עם גברים, תא שמתפרק כשכמות הגרושים עולה עם הזמן. נשים תצעדנה את האזרחים לחיות בשלום, תנהגנה ותקמנה קהילות מעורבות לנשים וגברים ו<u>גם</u> ערים וקהילות לנשים בלבד.

עם כניסת עידן הדלי, תחל הונאת בריאות עולמית ממגפה דימיונית מטעם ממשלות, ארגוני בריאות השייכים לעשירים שטניים סוגדי שטן. גברים ונשים צייתניים ותמימים יחוסנו בחיסונים רעילים, חלקם יפגעו ו/או ימותו. בנוסף יהיו אנשים שיקבלו חיסונים רעילים המכילים עקרות, חיסונים שיגרמו לבעיות פריון חמורות וילודה מועטת, בדרך זו תדולל באופן האוכלוסיה.

יותר קשה לחיות מאשר למות. יותר ממחוסנים ימותו מושחתים. יש לזכור שאלוהים לא קוטף אנשים ללא אישורם. כל אדם שנפטר בחר למות, כאשר אי אפשר למות אף פעם, כיוון שבמקור הנכם כדורי אור שמשאילים נשמה לצורך תיקון בכל גלגול.

אין מקריות כי הבריאה מדללת את אוכלוסיית העולם ומשאירה בחיים את אנשים מסוימים כדי שיבנו באופן מהיר ללא עיכוב ומתנגדים, את התשתיות החדשות של עידן הדלי בשילוב עזרתם של כוחות האור.

עידן הדלי הוא המהיר ביותר בגלגל המזלות, הבריאה בוחנת ומשיבה את הקרמה בחיים הללו לכל אדם, "כל מה שתעשה ישוב אליך לכן עשה טוב", כל אדם שיעץ, שכנע, כפה, איים, פגע בבריאות האדם, המציא תרופות רעילות, לקח חיים באופן ישיר/ עקיף - חייו ילקחו בגלגולו הנוכחי.

תרמית ערבוב המינים

לקראת כניסת עידן הדלי גברים עשירים כוזרים הסוגדים לשטן (שהינו הכלאת גבר-אישה), ירצו לשבש את מה שברא אלוהים ולשלוט גם בעידן הדלי / עידן הנשים, כשהם מתחזים לגברים בגוף של נשים.

במטרה לבלבל בין המינים ואת יצירת האלוהים, יממנו עשירים שטניים מעבדות רפואיות שיחדירו כמות הורמונים גבוהה לחיסוני ילדות ויגרמו לשיבוש בין המינים, בשינוי המגדרי כשהבן ירצה היות בת ולהיפך. אחר כך הם ינרמלו את תופעת הטרנסצ׳נדרים כתופעה טבעית במצעדי תועבה והשפעתם לרעה על חינוך הילדים. הם יקימו קהילות, פסטיבלים ומצעדי תועבה עם דגל בצבעי הקשת, יעודדו ניתוחי מין, פדופיליה, עירום ומניות בוטה, בעזרתם של אמנים ותעשיית המוסיקה שישטפו מוחות של מעריצים לתודעה שטנית זו, אמנים שמכרו נשמתם לשטן לטובת כוח, פרסום וכסף.

אנשי הקאבל/ אילומנטי/ דיפ סטייט שולטים על ממשלות ומודעים לכניסת עידן הדלי הנשי שקרב. הם סגדו לשטן ודאגו לערבב בין המינים, יצירת טרנסג׳נדרים, לקדם תרבות של מצעדי תועבה, בהונאה של צבעי הקשת וקבלת האחר והשונה.

מטרתם היתה לגרום לגברים להשתחל במרמה לעידן הדלי בתוך גוף
נשי, לתעתע ולבלבל בין המינים, כדי לאפשר לגברים להמשיך
ולשלוט גם בעידן הדלי מחופשים ביולוגית לנשים, אך הבריאה לא
תאפשר לכך לקרות.

תיקון תנכ"י

בעידן הדלי המתקן ישוב ישוע בדמותן של נשים רוחניות, מדיומים
ומתקשרות מלאות חמלה, הומור וידע רחב להעניק לאנושות. זהו
תיקון תנכ"י מתחילת עידן הדגים כדי לסיים את הקרמה מלפני אלפי
שנים שהחלה עם מות ישוע.

העידן הדגים שלט הגבר בכוח יחידני, לכן ישוע (גבר יחידני) נבחר
להביא בשורה לעולם.

בעידן הדלי / עידן הנשים, במקום ישוע יהיו אלו הנשים שיביאו
בשורות ותובנות חדשות, יקימו קהילות ומערכות חלופיות, יחליפו
את הדתות באמונה חופשית נטולת חומר, יגישו עזרה וערבות הדדית,
יקדמו סחר חליפין ויקימו תשתיות חדשות וקהילות עולמיות.

5. חשיפת האמת ועשיית צדק.
קארמה מיידית.

מזל הדלי יתקן – את הרס עידן הדגים:

פירוק כל כוח יחידני שטני ומושחת לפי שלבי סימני עידן הדלי:

1) חשיפת האמת המזועזעת. 2) עשיית צדק מהיר כולל עונשי מוות 3) השבת הכוח לאזרחים שיפרקו ממשלות וכל כוח יחידני לטובת הקמת התשתיות החדשות כהכנה לעידן הדלי שיחל בשנת 2106.

הכוח במסה

כוח האזרחים חזק מכוח הממשלות שפוחדות מהמסה של האזרחים, אותם הם מדללים כל 100 שנה. עם כניסת עידן הדלי תעניק הבריאה כוח לממשלות מושחתות לכפות הונאה רפואית לדילול אוכלוסיה, כדי ליצור כאוס ולערער את אמון הציבור שיחשוף את האמת ויביא לביטול ממשלות, מוסדות ממשל, ארגוני טרור, פדופיליה, סוגדי שטן, סוחרי אדם, רודנים, מלוכות, משטרים, ארגונים, ערוצי מדיה שקריים, משטרות, צבאות, גופי עבדות פיננסית, בורסה, בנקים, ארגוני בריאות, רפואה שקרית, בתי חולים, בתי משפט, דתות וכו׳.

השפעת מזל האריה

המזל המשלים ממול מזל דלי הינו מזל אריה: מזל התקשורת והמדיה.

בזכות תעמולת שקר ממומנת של ערוצי המדיה, תחשף האמת והציבור יתעורר לאמת המזועזעת ובעזרת מהפכות אזרחיות ויביאו למפלתם של ערוצים ואנשי תקשורת שקריים, כאוס נפלא שיביא לקמת ערוצי מדיה אזרחיים ברחבי הרשת וברשתות החברתיות.

עם כניסת עידן הדלי רודף האמת והצדק, אנו נפרדים מעידן הדגים המניפולטיבי בשילוב השפעות המזל המשלים של עידן האריה:

מזל האריה ידוע בגאוותו, רצונו לשלוט, להנהיג ולכפות דעה, יחד עם הכאוס של סוף עידן הדגים המנפולטיבי והערמומי, האנושות תחווה כאוס תודעתי של מה אמת ומה שקר, מניפולציות ושטיפות מוח, תחושת בלבול ופחד, מאבקים בין אזרחים, בין דתיים לחילונים, כאוס נפלא מטעם הבריאה יוביל לאי אמון, חשיבה אחרת ויצירה חדשה.

ביטול כוח יחידני

מסמלי עידן הדלי: החופש לבחור, לבטא ולפעול והמהירות. טכנולוגיות ומדיה מתקדמות יתרמו לגילוי וחשיפת האמת באופן מהיר על ידי מהפכות אזרחיות עולמיות, למטרת עשיית סדר וצדק.

"תחילתה של כל יצירה- בכאוס תחילה", לכן יוזמת הבריאה כאוס עולמי: מונעת מאזרחים חופש ומקשה עליהם במטרה שיחדלו מלהאמין במערכות הקיימות, יחלו לחקור, לחשוף את האמת ולעשות סדר אזרחי חדש, כדי שיבטלו כל כוח יחידני, מושחתים וממשלות, לטובת הקמת מערכות חדשות קהילותיות, ערבות הדדית, קהילות וניהול אזרחי עם חופש וכבוד, בשמירה על חיי אדם, הטבע והחיות.

כאוס אזרחי יוביל להסרת הגבולות ואחדות האנושות, שהרי גבולות מפרידות ולא מאחדות. אזרחים ינועו ללא היתרים ואשרות.

מתוך פחד מלאבד כוח ושליטה יחלו ממשלות וארגונים מטעמם לצותת ולבלוש אחר אזרחים מצורכי "הגנה, מניעה וביטחון פנים". עם כניסת האנושות לעידן הדלי, פעולות אלו יאסרו על פי חוק במטרה להגן ולשמור על חופש האדם.

בעידן הדלי הקרב, סדר יעשה רק על ידי ההמון ולא אנשי ההון. מהפכות אזרחיות עולמיות יביאו לביטול העוני, חקיקה צודקת ושוויונית, פירוק העושר מהעשירים וחלוקתו בשיוון לכלל אזרחים.

מהפכות אזרחיות

מהפכות הן הכוח של הציבור לשינוי איכות חייהם. הכוח נמצא במסה אצל ההמון ולא במיעוט אצל אנשי ההון או השלטון. הבריאה תמיד תעניק כוח לגורם ההרס לייצר כאוס נפלא שיביא לחיסול גורם ההרס, לכן כוח ייתנן לממשלות ומיעוט מושחתים, כדי להתעלל באזרחים שיתלכדו, יתעצמו ויביאו לקריסתם.

ממשלות מפחדות מאזרחים שעלולים להרוס את השלטון מבפנים, לכן הומצא ׳בטחון פנים׳ בהונאה ממשלתית לצורכי מעקב ושליטה.

ממשלות יביימו פיגועי טרור כדי לקבל את אמון הציבור ותמיכתו לפעולות לא הומניות, פשעים נגד האנושות ופלישה כוחנית למדינות.

<u>ברגע שאתה שולט בכסף:</u>

1. אתה שולט בממשלות, ששולטות בציבור בעזרת חקיקת חוקים ותקנות, מערכות משפט מושחתות וגופי אכיפה ומשטרה כוחניים.

2. אתה רוכש ערוצי מדיה לשיבוש האמת, שטיפת מוחות ותעמולה תקשורתית, ליצירת מציאות שקרית בתואמת את צרכיך השטניים.

3. אתה רוכש וממנן חברות תרופות, מכוני מחקר וארגוני בריאות-ליצירת מחלות והונאה לדילול אוכלוסיה ולהישרדות המיעוט העשיר.

4. אתה מייצר סחר בבני אדם. שליטה ועבדות כלכלית, דרך הקמת בנקים, בורסות, בתי השקעות, קזינו, הלוואות, עמלות וחברות ביטוח.

6. אנגלית שפה בינלאומית אחת. לכלל האזרחים.

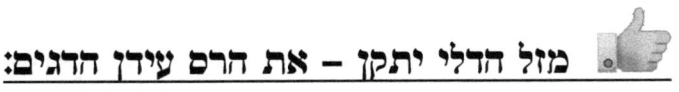

מזל הדלי יתקן – את הרס עידן הדגים:

הבריאה תמיד תדחוף את גורם ההרס ליצירת כאוס מופלא למימוש מטרותיה ואז תחסלו. כך דחפה הבריאה בעידן הדגים הכוחני, את האימפריה הבריטית להתרחב עם כיבושיה ברחבי העולם, במטרה להפיץ את השפה האנגלית כשפה בינלאומית שתדובר בעידן הדלי.

<u>לאחר שהמטרה התממשה: לקראת כניסת עידן הדלי תחוסל המלוכה הבריטית יחד עם שאר העשירים, המלוכות ושלל ממשלות</u> שסגדו לשטן, הרעילו אזרחים בחיסונים, תרופות ומזון, פגעו במקורות טבע, סחרו בבני אדם, פילגו והסיתו אזרחים, בנו דמוקרטיה מזוייפת ומושחתת עם פוליטיקאים ולוביסטים, יצרו עבדות כלכלית, גנבו את אוצרות הטבע ודאגו לא להתחלק בשפע אלא לשמור העושר לעצמם.

בעידן הדלי תהפך השפה האנגלית לשפה אחת בינלאומית. יהיו כאלו שיבקשו לשמר את שפתם המקורית שתדעך בחלוף השנים.

כבר היום כדי להתקשר עם אנשים ברחבי העולם, יש להיעזר בשפה האנגלית בתחומים רבים, כגון:

תיירות, אינטרנט, עסקים, פיננסים, הייטק, מדעים, רפואה, פוליטיקה, חינוך, הרצאות, כנסים, תערוכות, קניות ומשחקי און ליין ועוד.

7. סחר חליפין.
מעבר משכירים לעצמאים.

מזל הדלי יתקן – את הרס עידן הדגים:

אנו נפרדים מעידן הדגים במהלכו גברים הקימו תשתיות דרכם שלטו: ממשלות, בנקים, בורסות, בתי השקעות, הלוואות, קזינו, חברות ביטוח, מזון ותרופות, ששעבדו את אזרחים אליהם בהונאה פיננסית כגון: הלוואות, חובות, ריביות, רכישת נדל״ן, ביטוחים ותרופות.

ערך כספי מחודש

עם כניסת האנושות לעידן הדלי:

1. כל כוח יחידני ומוסד מושחת יקרסו תודות לאזרחים וכוחות האור, שיחקרו, יחשפו האמת ויחדלו מלהאמין למערכות הקיימות.

2. הכסף יתחלף ויקבל ערך חדש ויוצמד למתכות יקרות כגון: זהב, כסף, כפי שהיה בעבר.

3. עם פירוק הממשלות ואחדות אזרחי העולם, בהדרגה ייהפך המסחר לסחר חליפין: החלפת ידע, טכנולוגיה, עזרה, יצירה ועוד.

4. משפחות יתפרקו לטובת הקמת קהילות עולמיות למחייה חופשית כשכל אדם תורם ומועיל לסביבתו, כולם יהפכו לעצמאיים והמחיה תוזל עד שתהפך לחינמית.

משכירים לעצמאים

״הנכם אורחים לרגע, דבר לא שלכם. אפילו נשמתכם אינה שלכם אלא מושאלת לכם לצורכי תיקון״.

הגעתם לכוכב הארץ ליהנות, לטייל, לתור, לנוע ולגור ברחבי העולם, לראות נופים, להיחשף לתרבויות ושפות, לגדל ולייצר את המזון שלכם, להקים תקשורת מלכדת, להתאחד עם קהילות וליישם את החופש שניתן לכם מהבריאה מעצם בריאתכם. לא נולדתם כדי לעבוד בלי סוף, לשלם מיסים, חובות ולממן מוסדות ומיעוט מושחתים.

כפי שאינכם משלמים על אויר כך אינכם אמורים לשלם על מאגרי טבע שהוענקו חינם מהבריאה: מים, גז, דלק, חשמל, אדמה למגורים ואף נסיעות בכלי רכב חשמליים, כי חשמל מייצרים מהאויר בחינם.

עבודה כשכיר אינה מאפשרת חופש ועצמאות של העובד אלא תלות. לקראת תחילת עידן הדלי יוחזרו החופש והעצמאות אל האזרחים והתעסוקה תוחלף בהדרגה מעבודה כשכירים- לעבודה כעצמאים:

בעזרת סחר חליפין הם יסחרו בידע ונתינה לקהילה, הקמת מבנים קהילתיים ללימוד, חינוך, העשרה ומפגשים. עבודה מהבית, בחוץ בחללים שיתופיים או בטבע, בגינות ציבוריות/ פארקים, בסביבת עבודה רוויה בצמחיה בשילוב נוכחות בעלי חיים לריפוי הנפש.

עם כניסת האנושות לעידן הדלי, במקביל לשינוי השיטה הכלכלית לטובת אזרחי העולם, נהיה עדים לסימני תום עידן הדגים המנפולטיבי לכן צפויים מאבקים זמניים של אנשי תוכנה וסייברים לצורכי תחבולה, נזק, גניבה ושיבוש מטעמם או מטעם ממשלות קורסות, מיעוטי עשירים מושחתים, ארגוני ביון או פשיעה.

8. איכות הסביבה.

ניקוי ושמירה על הטבע.

מזל הדלי יתקן – את הרס עידן הדגים:

עידן הדלי הגיע לתקן, לרפא ולהשיב על קנו את הסדר הטבעי שנהרס. שמירה והגנה על בני האדם, בעלי החיים ומאגרי הטבע, שזוהמו והורעלו ע"י ממשלות, במטרה לייצר נזק ודילול אוכלוסין במימון עשירים מושחתים וכספי הציבור, כלומר האזרחים מממנים את מותם: בריסוסים כימיקליים רעילים בשמים, בחקלאות ומאגרי מים, תוספת פלואוריד רעיל למי השתייה, הזרקת כמויות של הורמונים למזון מהחי והמצאת כל החיסונים לצורכי שיבוש המערכת החיסונית של האדם, הפיכתו לחולה ובניית תעשיית רפואה המתפרנסת מחולי.

העידן הדגים הכוחני והמניפולטיבי הפכו הרופאים לאלוהים והחלו לשלוט בעולם ללא צבאות ובעזרתן של ממשלות מושחתות והונאה של מגפות שקריות: הוענק להם הכוח לפגוע בזכויות חופש האדם ובנפשו, להשבית ולהרוס את חיי האזרחים, לפלג ולסכסך בין אזרחים, לסגור גבולות, להחליט על סגרים, לפגוע בבריאות האדם, לבצע בדיקות פולשניות ולחסן בכוח אזרחים, לחסום נשימת אויר, לשבש את הכלכלה העולמית והמשק החקלאי, להשמיד מזון "נגוע" וליצור מחסורים במזון ולעיתים רעב, בשם הרפואה ש"מצילה" חיים.

שמירה על הטבע

כוכב הארץ מזכיר לאנושות כי במשך מיליארדי שנות קיומו לא ניתן להרוס אותו אלא רק להרוס את האפשרות לחיים עליו.

"כל מעשי האדם שבים אליו בגלגולו הנוכחי כקרמה": בני האדם שאינם מכבדים והורסים את הטבע- צפויים להעלם עם כניסת עידן הדלי בעזרת אקלים קיצוני שינפה אותם מהעולם.

עשירים מושחתים סוגדי שטן יחד עם ממשלות רכשו בסתר עם השנים: יכולת טכנולוגית לתכנון ושליטה לרעה במזג האוויר, ריסוסים כימקליים בשמים, מים ואדמה. אסונות טבע שיביאו להרס של מאגרי טבע, רכוש, מבנים, חקלאות.

והכל במטרה לייצר כאוס שטני של פחד, יאוש, סבל אנושי ושליטה, פגיעה בריאותית ומחלות, מחסורים במזון וכוח אדם, הרעבה עולמית, כדי לדלל את מסת האזרחים המאיימת על הישרדותם.

לקראת כניסת עידן הדלי, תתערב הבריאה ותייצר כאוס בהונאה עולמית שתעורר את האזרחים לחשוף את האמת ועשיית צדק. הבריאה תשלח את כוחות האור, מטעם צבאות של מספר מועט של מדינות ובחסות צורות חיים שונות שילחמו בכוחות החושך ויבצעו ניקוי עולמי מול כל אדם וצורת חיים שטנית ואפלה שאינם מכבדים חיים וחופש. הניקוי העולמי יהיה מעל ומתחת לפני האדמה והים.

ניקוי מאגרי הטבע

לקראת תחילת עידן הדלי, תדרי כוכב הארץ מתעדנים ומשפיעים על האנושות, על בעלי החיים והטבע, כאשר תובנה חדשה נכנסת.

<u>לקראת כניסת האנושות לעידן הדלי - יתנקה כוכב הארץ:</u>

ניקוי הסביבה: ניקוי מאגרי טבע, חופים, אגמים, ימים, יערות וערים. כמובן סגירת בתי זיקוק, מפעלים מזהמים, טחנות אנרגיה וכו'.

ניקוי האוויר ומאגרי מים: בשמיים בעזרת מפוחים, סננים וכלי טיס. ניקוי מי הים והאוקינוסים, מי תהום, נחלים, אגמים. הצבת עמודי חשמל המופקים מהאויר בחינם, בעלי תדר לריפוי המונים.

ניקוי שפכים: יעברו סינון וניקוי במתקני התפלה וישובו לברזים כמי שתייה ומי השקיה.

ניקוי האדמה: בעזרת גלים, תשדורות וגז (סימני מזל הדלי, האויר). גידול חקלאי: עצמאי בכל חלקת אדמה פנויה, על גגות ומרפסות, גידול הידרופוני (מים ואויר) בבתים, שטח ציבורי ובמחסנים לגובה.

מחזור פסולת: שימוש במאגרי הטבע (בעיקר אויר/גז וחום השמש) לייצור טבעי של אנרגיה נקיה ומועילה לבריאות.

מיחזור

במהלך 90 השנים הבאות 2016-2106 עם יציאת האנושות מעידן הדגים, עידן השפע החומרי המזויף תייצר הבריאה כאוסים שיגרמו לאזרחים להיפרד מחיי השפע המזויף לכדי מחיה בצניעות עם מעט ממון וחפצים, עם סחר חליפין, ערבות הדדית ואחדות ללא ממשלות, כך יוכלו אזרחים לנוע בחופשיות בעולם ללא חומר רב לנשיאה.

בעידן הדלי החיים יהפכו לצנועים, המזון יהיה נטול אריזות ומבוסס גידול חקלאי, בסחר חליפין, אפיה ובישול עצמי צמחוני/טבעוני. כמויות האשפה יעלמו בהדרגה לטובת מחייה אורגנית ומחזור תמידי.

כפי שבטבע הכל טבעי ומחזורי- כך האנושות תנהג למחזר בטבעיות שאריות מזון לקומפוסט, מיחזור בגדים, מיחזור ושיפוץ חפצים, רהיטים וייצור חלופות מחומרים מתכלים ממוחזרים.

הגנה על בעלי חיים

עידן הדלי הגיע לתקן את העוול שנגרם בעידן הדגים לבעלי החיים והשבתם בחזרה אל מקומם הטבעי בטבע. כוח האזרחים יתלכד וישחרר בעלי חיים מגני החיות, הקרקסים, הכלובים, הבתים וישיבם אל הטבע. תחילה לשמורות טבע בהשגחת האדם בשילוב ציוד למעקב והגנה טכנולוגי ובהמשך לחלקות אדמה ואיים נקיים מאדם (כגון איי גלפאגוס). אזרחי העולם יחוקקו חוקים שיגנו על הטבע והחיות: תאסר פגיעה, זיהום, כריתת יערות מסיבית, שריפת שדות, התעללות, כליאה וציד של בעלי חיים.

אכילת חיות תיאסר חוקית פרט לאכילת דגה. כיוון שאנו נפרדים מעידן הדגים לכן תותר אכילת דגים בלבד, ללא לוותינים/ דולפינים וחיות הים. כדי ליישם את תכנית הבריאה הנ"ל, תחילה תפגע הבריאה בבשר החיות המסופק למאכל ותאלץ את אזרחי העולם לעבור לצמחונות וטבעונות, שינוי זה יוכח כמזון הבריא לגוף האדם, בניגוד לאכילת בשר המהווה גורם למחלות.

האנושות תחשף לידע שאסור לערבב דנ"א- לכן: אסור לקבל או לתרום דם או תרומת איברים, לצרוך בשר וחלב מחיות ובני אדם.

תקשורת עם כל החי סביב

סימני עידן הדלי הינם רוחניות השיאה, תכנס התובנה שהכל חי סביב ובעל תדר ויכולת לתקשר לכן בני האדם יוכלו לשוב ולתקשר באופן טבעי וטלפתי עם כל אשר נמצא סביב: אנשים, חיות, עצים, עצצים, מים, אויר, אדמה, ישויות, נשמות, נפטרים, חפצים, ועוד.

105 | גלי לוסי

בעקבות התעדנות התדרים על פני כוכב הארץ צפוי חיבור אנרגטי בין בני האדם-חיות וכלל הטבע, כאשר תדר החמלה ישפיע על כולם: בריפוי ועזרה לכל החי סביב. בני אדם יפתחו את האינטואיציה בעזרת עשרת החושים ו-12 סללי הדנ"א, כך תתפתח תקשורת טלפתית בין כל שנמצא בטבע: בין בני האדם לחיות, לצמחים, לעצים, אדמה, אור, אויר, אשר כולם מכילים תדרים, אשר יורגשו ויתועלו ביניהם.

הטבע תמיד מדבר, אך בני האדם לא הקשיבו. כעת בני האדם מקבלים תובנה שהטבע סביבם אינו דומם אלא חי ומתקשר כל הזמן.

לא ניתן להמית, להשמיד או להעלים שום דבר לנצח, אלא רק לשנות בין מצבי צבירה.

ניתקל לעבור בין שלושה מצבי צבירה: מוצק - נוזל - גז. הכל סביב עשוי אור ותדר שמשנה מצבי צבירה: הנשמה (רוח, גז) נכנסת לגוף חומר (מוצק המכיל נוזלים) ומפיחה בו חיים (רוח). במועד המוות, היא מסיימת את מסעה, יוצאת מגוף החום, וחוזרת למצבה המקורי ככדור אור (רוח, גז) וכך באופן מעגלי אינסופי. אי אפשר להמית ולהשמיד שום חומר כי הנכם אינסופיים, לכן אי אפשר למות לעולם.

כל עץ, צמח שיגדע - יצמח מחדש.

כל מאגר של אדמה או מים שיזדהם - יתנקה מחדש.

כל אדם נפטר - יוכל לבחור לשוב לגוף חומר ולהתגלגל שוב.

עם חום השמש, מים בכל מקור טבע מתאדים אל העננים וחוזרים כגשם שזורם לנחלים, לאגמים, לאוקינוסים ולים, כי הכל בטבע הוא מעגלי ואינסופי.

צמצום הצריכה

עידן הדגים העניק למדינות מסויימות שפע רב, חיי מותרות, מותגים ותרבות צריכה מואצת. המעבר בין עידן הדגים לתחילת עידן הדלי יהיה מלווה בהקצנה וכאוס במטרה לסלק כל כוח יחידני ומושחת בעזרת חשיפת האמת ובניית כל המערכות החדשות מטעם הציבור.

כמו כל עידן, גם עידן הדגים יסתיים בכאוס כדי לייצר תשתית חדשה. כדי לייצר תשתית של צריכה מועטת וחיים בצניעות בעידן הדלי: תגבר רמת הצריכה לממדים עצומים, פחות ייצור מקומי ויותר יבוא, עם שפע של פסולת מזהמת ממוצרי פלסטיק, ניילון, פחיות, מתכות, מכשור טכנולוגי וציוד רפואי, כאשר מדינות ענ‍יות יהפכו לפח האשפה של המדינות העשירות.

תהליך זה יאסר בהדרגה לקראת כניסת עידן הדלי וכל מדינה תחוייב למחזר את האשפה שלה, לחיות בצמצום וצניעות בעזרת מיחזור וחומרי גלם מתכלים, ייצור עצמי, סחר חליפין ורכישות שיתופיות.

בעידן הדלי כמות פרטי המחייה תצומצם: פריטי לבוש מועטים מבד ממוחזר/טבעי ונושם עם גזרות בסיסיות ובצבעים בהירים. מוצרי פלסטיק וקלקר יוחלפו בחומרים טבעיים וממחוזרים, כלים מתכלים ורב פעמיים מקרמיקה/ חרס/ זכוכית/ נחושת/ נירוסטה וכו׳. מיחזור מוצרי צריכה ואשפה ביתית. מעבר מניקוי במים- לניקוי הגוף וחיטוי כלים בשימוש גם בלחץ אויר/גז ובוואקום (סימני הדלי- מזל האוויר).

הגבלת הפרסום

עידן הדלי הגיע לתקן ולנקות את העולם וסביבת המגורים מכיוון שהמרחב הציבורי שייך לכלל הציבור, לכן יש לבקש אישור מהציבור

לכל שינוי בנוף הציבורי. אין להסיח את דעת הציבור אלא לכבד ולשמור על חופש האדם, לכן ייאסרו לשימוש: 1. פרסום בחוצות ובכל ערוצי התקשורת מכל סוג 2. שילוט בשטח ציבורי, פרט לשילוט הכוונה בדרכים (אחיד בעולם) 3. פרסום/רעש קולי חריג בשטח ציבורי, סירנות/קריאה לתפילה ופרסום טלפוני במהלך המתנה לנציג.

כל מדיה פרסומית אשר לא מאפשרת לאדם לכבות, להשתיק או להעלים אותה ושייכת למרחב הציבורי - תיאסר על פי חוק.

לקראת עידן הדלי יאסר פרסום ומימון מכל סוג, בכל המוסדות ובשטחים ציבוריים. כל פרסום בשטח הציבורי יוסר ויאסר, שהרי השטח הציבורי שייך לציבור לכן יישאר טבעי ונקי מהסחות דעת.

הצפת סין

כל המתרחש באזור אחד בכוכב הארץ- משפיע אנרגטית על כל הנמצא בשאר חלקי הכוכב, כי הכל מחובר.

"כל מעשי האדם שבים אליו מיידית". לקראת כניסת עידן הדלי הקרמה תשוב לפגוע במדינות המזהמות הכבדות הפוגעות בבני אדם, טבע, ובעלי חיים. הסמל של עידן הדלי הינו כד מים שוטף את העולם ואכן הבריאה תציף במים ותנקה את השחיתות העולמית בעזרת מזג אויר קיצוני, הצפות מי גשם ואסונות טבע במטרה להציף ולנקות את העולם ממנהרות ותעשייה אפלה נסתרת מתחת לאדמה והים ולשטוף ולנקות על האדמה את כל המושחת שאינו מכבד את אשר נברא:

<u>סין</u>: צפויה לסבול מאסונות טבע, סופות, צונאמי, הוריקן, בורות טובעניים ובעיקר קריסת סכרים והצפות מים, עד אשר מי הים יכסו שטחים נרחבים ויגרמו לנפגעים, נזק לכלכלה, מבנים וחקלאות, עד

לשקיעתם של שטחים נרחבים מתחת למים. זו הקרמה שתשוב לפגוע בסין הקומוניסטית שפגעה בזכויות אדם, חיות וטבע.

עם כניסת עידן הדלי המנקה את העולם עד לשנת 2106:

סימן הדלי הינו אישה/ גבר מחזיקים כד מים ושופכים על העולם, לכן תציף הבריאה במים את סין כי אין דרך אחרת לחסל את הממשל הסיני שיקריב מיליונים מאזרחיו.

המשטר הקומוניסטי הדיקטטורי בסין ייחשף ויתגלה לעולם כחלק מהקאבל/ הדיפ סטייט השטני המבצע עשרות שנים השתלטות על כלכלת העולם ברכישת ידע, מפעלים, חברות וממשלות בעזרת שוחד כספי ועבדות של מיליוני פועלים סינים מופחדים.

משטר סיני אפל הפועל בתכנית שטנית של הרס כלכלת העולם וקידום כלכלתו, המצאת מגפות יזומות במעבדות וגרימת סבל, הרג ודילול של מיליוני אזרחים, על ידי יצירת כאוס עולמי במטרה להשתלט לרעה על כלכלת העולם.

9. אכילה בריאה.
צמחונות, טבעונות וגידול עצמי.

מזל הדלי יתקן - את הרס עידן הדגים:

כמו האישה, כך גם הפרה חייבת להיות בהריון על מנת לייצר חלב, לכן רפתנים גורמים לפרות להישאר בהריון תמידי כדי לייצר חלב שבמקור נוצר עבור העגלים. הפריה מלאכותית עם כמות גבוהה של הורמונים שמגיעים לחלב ומוצריו ונצרכים בידי האדם. מוצרי חלב מהחי מזיקים ואינם מותאמים לדנ״א של בני האדם. תעשית החלב מהחי מזיקה לבני האדם וגורמת למחלות רבות, כגון: אסטמה, אלרגיה, ליחה, אוסטופורוזיס, בעיות פריון ועודף הורמונים ורעלים.

צריכת חלב מן החי אינה מתואמת לדנ״א האנושי. כפי שחיות אינן צורכות חלב-אם לנשים, כך אסור לצרוך חלב-אם מאף חיה.

צמחונות וטבעונות

בני האדם נבראו במקור כאוכלי צמחים. אכילת בשר נבעה מברירת מחדל של האדם לשרוד בתקופות של בַצורת, לכן התפתח זן אדם בעל-ניבים-אוכל-בשר. כמו בתעשיית החלב, גם כאן מגדלי החיות מחדירים לחיות הורמונים או נוזלים, במטרה להגדיל מלאכותית את משקל הבשר הנמכר לבני האדם לפי משקל ומעשיר את מגדלי החיות.

אכילת בשר ושתיית חלב מבעלי חיים הוכחה כבר כי אינה מותאמת לרמת הדנ״א לבני האדם, מזיקה וגורמת למגוון מחלות כגון: בעיות עיכול, עייפות, סתימת עורקים, קרישי דם, בעיות בכלי דם ולב, לחץ דם, אוסטיופורוזיס (דילול עצם), כולסטרול וכו׳.

האדם נברא מהכלאה בין גורילה זכרית לחוצנית נקבית ושניהם אינם צורכים בשר חיות. החוצנית אינה צורכת חלב מהחי וגורילה נקבית מייצרת עצמאית חלב-אם לגוריה לא מחיות אחרות.

בעידן הדלי הכוח שב לאזרחים שיצעידו את האנושות לצמחונות וטבעונות, בכבוד וחמלה לחיות ולטבע, לכן מאכל בעלי חיים יאסר, פרט לדגים (העידן ממנו אנו נפרדים). כדי ליישם את תכנית הבריאה הנ״ל, תייצר הבריאה כאוס בעזרת החדרת מחלות וחומרים מזיקים למוצרי הבשר והחלב מהחי, אף תייצר מחסורים כדי לדחוף את האדם לעבור לצמחונות/טבעונות. ׳שפע מקבע- מחסור מניע׳ את האדם למצוא פתרונות לשיקום בריאותו.

מזון מותאם אישית

לכל אדם, חיה וצמח: תערך בדיקת דנ״א אישית בשימוש טכנולוגיה חוצנית מתקדמת, רפואת תדרים ושילוב ידע ממדיומים, כך תתקבל טבלה אישית מפורטת לסוגי המזון המתואמים לכל יצור חי, המשתנה בכל תקופה. התאמת תזונת האדם תהיה באופן פרטני ולא קולקטיבי. לכל אדם מתאימה תזונה אחרת לכל תקופה בחייו על פי חשקיו ורמת הדנ״א שלו. אין לערבב דנ״א בין בעלי חיים לבני אדם.

עצירת הרס המזון

במהלך עידן הדגים, עם גידול האוכלוסיה החל משנות ה50 לערך, מתוך חמדנות כספית ובלי להתייחס להשלכות העתידיות, החלו חקלאים להנדס את המזון ולרסס את תוצרת המזון בחומרים כימיקליים ׳נגד מזיקים׳ כדי לספק כמויות גדולות של תוצרת.

מאז ועד היום, הריסוסים הכימיקליים בשמיים, במזון המתועש ובחקלאות, כמוכן מתן חיסונים רעילים, נבעו מתוך תכנית עולמית של כל הממשלות, שאולצו להשתייך לארגוני בריאות עולמיים

בבעלות מיעוט של עשירים מושחתים במטרה לשלוט, להרעיל, לגרום לאזרחים להפוך לחולים וצרכני תרופות ולדלל אוכלוסיות מתוך פחד פן כוח ההמונים יביא לקריסת העשירים והממשלות.

היום אנו עדים להשפעות ההרסניות של ריסוס ותיעוש המזון: ריבוי מחלות, אסטמה, אלרגיה, השמנה, סוכרת, סרטן, נכויות, אוסטיופורוזיס, אלצהיימר ועוד.

ממשלות מדללות את האוכלוסיה על ידי ריסוסים כימיקליים בשמים, במים ובאדמה, הוספת פלואוריד רעיל למי השתייה, הוספת כימיקליים רעילים ממכרים בתעשיית הטבק, הוספת כמויות סוכר גבוהות למזון ושתייה, מזון מתועש רעיל ובעיקר <u>חיסונים רעילים</u>, המחלישים את מערכת החיסון בהונאה בריאותית שהם מועילים. מדהים שכל ההרג האיטי הזה ממומן ע״י המיסים של כספי הציבור, בעקיפין הציבור ממן את הדילול של עצמו.

אם המדע וטכנולוגיה תרמו לעליית תוחלת החיים.. אזי מדוע קיימת עליה מתמדת בכמות בתי החולים, המחלקות, המכונים, המחלות, החולים והתרופות?

<u>בני האדם נולדו בריאים. אלוהים לא טועה כשהוא בורא, לכן עולם הרפואה היה הזרוע הביצועית של ממשלות לדילול אוכלוסיה.</u>

<u>מכוני מחקר עזרו לממשלות לייצר מחלות באופן מלאכותי במטרה</u> לדלל אוכלוסיה, להחליש פיזית ומנטלית את האזרחים: כדי שלא ימרדו ולהפוך אותם לצייתנים, נשלטים ונסייני חיסונים, לעבדים המשלמים מיסים למימון מושחתי שלטון ולחולים המעשירים את חברות התרופות, רופאים, קופות החולים, בתי חולים, וארגוני בריאות המושחתים- השולטים בממשלות- ששולטות באזרחים וחוזר חלילה.

גידול חקלאי עצמאי

בעידן הדלי הכוח שב לאזרחים שיצעידו את האנושות לגידול חקלאי קהילתי ועצמאי בכל חלקת אדמה, מרפסת וגגות של מבנים, גם במחסנים גבוהים לגידול הידרופוני, בדברה אורגנית וביולוגית:

- אזרחים יחיו בצניעות עם מעט ציוד ובמימון קהילתי.

- לא עוד עשירים ועניים, השפע יתחלק באופן שווה בין כולם.

- מחסורים יובילו לצריכה שקולה ואכילה בריאה וטריה.

- גידול חקלאי עצמאי, סחר חליפין ורכישה ממגדלים מקומיים.

- חומרי גלם טריים מן הטבע.

- כלי בישול ואפייה עשויים מחומרים טבעיים ובריאותיים.

לקראת עידן הדלי, עשירים שטניים השולטים בממשלות ינסו ליצור הונאת מגפה ורעב עולמי בעזרת פגיעה במחסני מזון ושטחי חקלאות בעזרת טכנולוגיה לשינוי האקלים שתיצור אסונות טבע והשמדת תבואה, כאוס זה יזרז את יישום תכנית הבריאה לגידול חקלאי עצמאי.

חקלאים ומשקים יחוייבו לעבור להדברה אקולוגית ללא כימיקלים והדברה ביולוגית בשימוש חרקים טבעיים או מהונדסים, להגנת היבול והשמדת מזיקים. צפויה עליה דרמתית בגידול חקלאי ביתי וקהילתי בחלקות אדמה, על גגות, מרפסות ושטחים ציבוריים.

לקראת כניסת עידן הדלי המתקן שיחל רשמית בשנת 2106, ינוקה העולם מעשירים, מושחתים וממשלות, על ידי התעוררות וחשיפת הציבור לאמת המזעזעת כך יקומו מהפכות אזרחיות שילכדו האזרחים, ישיבו הכוח אליהם, ירסקו ממשלות ויסלקו מושחתים וכל כוח יחידני, עיריות, חברות תרופות, נשק וטבק, מפעלי מזון רעילים,

מונופולים, תאגידים, חברות פיננסיות, בורסותך, קזינו, בנקים, וכל אדם המזיק לבריאות, פוגע בחופש האדם ושלוות הציבור.

<u>הכאוס המבורך הזה הינו חלק מתכנית הבריאה לקראת כניסת עידן הדלי הקרב</u>: לגרום לאזרחים לאבד אמון בממשלה ובמערכות הקיימות, במטרה להתלכד, לחשוף האמת, לעשות צדק לנקות את העולם מממשלות, כוח יחידני, ממשלות, מלוכות ועשירים מושחתים כדי להקים חלופות עצמאיות קהילתיות. אנו נפרדים מעידן הכוח היחידני של מזל הדגים, המזל הכפול והמניפוליטבי, לכן נחווה ממנו כאוס עולמי עם הונאה בריאותית, הרס סביבתי ופגיעה בחופש האדם, מניפולציות, תעמולה שקרית - התורמים להשגת חוסר אמון ציבורי.

למזלנו אנו נכנסים לעידן מזל הדלי, רודף הצדק והשלום שיחשוף את מעללי הדגים וישיב את הכוח להמונים שיעשו צדק ויביאו לחיסול העולם הישן והכוחני, לטובת הסרת ממשלות, אחדות עולמית, הסרת גבולות והקמת קהילות, יציאה לחופשי וסוף לעבדות הכלכלית, סוף לסחר בבני אדם, שמירה על זכויות האדם, מחיה צנועה, זולה וניידת, שלום עולמי והכל יתממש במהירות האופניינת לדלי, עד לכניסתו הרשמית של עידן הדלי בשנת 2106.

איסור צריכת חיות וחלב מן החי

לקראת כניסת עידן הדלי, בזכות מחסורים במזון וחשיפה וגילויים חדשים מטעם הציבור, כך תגבר המודעות לאכילה בריאה, צמחונית וטבעונית = מזון הקרוב ביותר לצורתו הטבעית. בכוח האזרחים, הנשים ואימהות, יחוקקו חוקים להזנה בריאה לתלמידים, סטודנטים, חיילים, חולים, קשישים וצרכנים:

- איסור החדרת סוכר וממתיקים מלאכותיים למזון ושתיה.

- הוספת ממתיקים טבעיים בכמות מינימלית.

- איסור מכירת מזון מהיר נטול מרכיבים מזינים.

- איסור בשימוש בחיטה, קטניות ומיני דגן מהונדסים נטולי סיבים, אלא צריכתם בצורתם העתיקה עשירת הסיבים.

- איסור צריכת כל סוגי החלב ומוצרים מן החי.

- תודות לאי אמון- יגדל הציבור את התוצר החקלאי באופן עצמאי ויסחור בסחר חליפין עם שאר הקהילות העולמיות, כפי שהיה בעבר.

ככל שאנו מתקרבים לכניסתו הרשמית של עידן הדלי, ניתן להבחין ב׳מהפכת בריאות׳ בערוצי הרשתות החברתיות, אזרחים משתפים מתכוני משקאות, בישול ואפייה מקומיים ובריאים, צמחונות וטבעונות, מרכיבים טבעיים ואורגניים, טיפים וטכניקות לגידול עצמי של פירות, ירקות, קטניות, עשבי בישול וכו׳.

מזל הדלי הינו מזל האוויר לכן הגידולים החקלאיים יהיו בכל חלקת אדמה פנויה, גם על גגות ומרפסות, גידולים לגובה (מזל האויר), גידולים הידרופוניים על בסיס מים-אויר וללא צורך באדמה, גידולים במחסנים גבוהים.

<u>תזונת האדם משפיעה על בריאותו</u>. בכוח הצרכנים יאולצו מסעדות וחברות להתאים עצמם לדרישות הצרכנים ולספק מזון טרי, בריא נטול בשר/חלב מהחי ויהיו תחת פיקוח ציבורי. כמוכן בזכות טכנולוגיה חוצנית - חיי האדם יתארכו בין 400-200 שנה לאדם.

10. רישיון מסוגלות הורית. דילול אוכלוסיה.

מזל הדלי יתקן – את הרס עידן הדגים:

אוכלוסיית העולם מונה כ 8 מיליארד נפש. כמות עצומה על גבי כוכב הארץ שאמור לספק הגנה, מדור, מזון ושתייה לכולם. המדינות המאוכלוסות ביותר הן הודו וסין. כאשר סין הקומוניסטית הנשלטת בידי הקאבל/ דיפ סטייט, היא המדינה המזהמת הראשית עם כמות התושבים הגדולה ביותר. סין תנסה להשתלט על כלכלת העולם, דרך המצאת מגפות לדילול אזרחים, רכישת נכסים, אדמות ומפעלי מזון במדינות רבות, כדי להבטיח את הישרדותה.

הקרמה תשוב לפגוע באזורי מפתח ובאנשי המשטר הקומינסטי של הקאבל בסין שיעשה דילול אוכלוסין בסין בעזרת חיסונים רעילים. שטחים גדולים בסין יוצפו במים וישקעו, צפויה פגיעה בחיי אדם, בחקלאות, בתיירות, במסחר ובכלכלה. לאחר חיסול הקאבל, תוקם הרפובליקה החדשה בסין שתעניק חופש ותגן על אזרחיה. סין והודו יהיו חלק שבע המדינות שיבטלו את כל ממשלות העולם (שהיו שייכות לקאבל השטני שחוסל).שבע המדינות יחלקו, יספחו את מדינות העולם תחתן וינהיגו אותן בשלום עולמי ללא שחיתות, מחייה זולה, חופש ביטוי ותנועה חופשית בעולם נטול גבולות.

הכשרה ורישיון להורות

קידמת האנושות תלויה בעליה ברמת התודעה וגם ההשכלה. הבעיה נעוצה בדורות של הורים נטולי תודעה והשכלה, בעלי חשיבה מקובעת המולידים ומגדלים ילדים הנשארים דומים להוריהם. עד היום, כל אדם (ללא בעיות פריון) יכול היה להביא לעולם כמה ילדים

שירצה מבלי להתייחס למצבו הנפשי, הבריאותי, השכלי, התודעתי, הכלכלי, החברתי, התעסוקתי ועוד. רוב הדורות נשארים באותו מעגל.

כל עיסוק ופעילות דורשים רישיון, כגון: רישיון נהיגה, טייס, בניה, מכירה, עסק, עיסוק עצמאי, חקלאי, אפילו להקמת דוכן אוכל ועוד. אך הבאת ילדים אינה דורשת רישיון משום סוג, כאשר מסוגלות הורית נבדקת כיום לאחר הלידה? ולא לפני ההיריון!

כמות ואיכות הילודה משפיעים על קדמת האנושות. לא יתכן שאנשים יביאו ילדים ככל שירצו, מבלי להכשירם כהורים ראויים ומתאימים, על ידי רישיון למסוגלות הורית טרם הבאת הילדים.

הורות היא התפקיד הקשה מכל = חינוך ועיצוב הדורות הבאים. מערכת החינוך מגיעה מהבית ולא מבתי ספר, שהם הזרוע של ממשלות: להפוך אזרחים לצייתנים ללא חשיבה ויצירה חופשית.

רישיון למסוגלות הורית יחל עם כניסת האנושות לעידן הדלי בשנת 2106. תחילה יתקבל הרעיון לרישיון להורות בהתנגדות ציבורית, אך יתממש בהדרגה עם עידון תדרי כוכב הארץ ועליה ברמת התודעה.

אלו שיעקפו את החוק ויביאו לעולם ילדים ללא רישיון מסוגלות הורית - ילדיהם יילקחו מהם לטובת הורים בעלי מסוגלות הורית, עד אשר יוכשרו אף הם ויקבלו רישיון למסוגלות הורית.

תכנית הבריאה אינה לקחת ילדים מהוריהם אלא להכשיר אנשים בוגרים להפוך להורים מוכשרים לגידול הדורות הבאים. כל אדם בוגר שיבקש להביא ילדים לעולם ולהפוך להורה- יתבקש לעבור מבחנים, הדרכה והכשרה על ידי הקהילה ולעמוד בפיקוח ודרישות מבחינה נפשית, שכלית, כלכלית, השכלתית, תעסוקתית וחברתית, לצורך מסוגלות הורית. בעידן הדלי הקהילה מגדלת את הילדים של כולם.

בני האדם לא נולדו כדי להוליד ילדים ולממש הורות. זו אינה תכנית בריאה אלא הישרדות אגואיסטית, לשמר את נצר המשפחה לדורות. אין הכוונה במשמעות המילה 'בריאה' שכל אדם יברא ילדים, אלא הכוונה: לברוא את עצמך מחדש: בעזרת חקר אינסופי, להמציא ולשדרג אומנות, חשיבה, ידע, טכנולוגיה, תובנות, תקשורת, אכפתיות עם שמירה על הסובב ולהניע את מנוע הבריאה לקידמת האנושות.

דילול אוכלוסיה טבעי

תכנית הבריאה: דילול אוכלוסית העולם באופן טבעי: עם כניסת עידן הדלי הקרב נשים לא תרצנה להביא ילדים, לטובת מימוש החופש שלהן, כך אמורה היתה להצטמצם אוכלוסית העולם למשך 200 שנה.

דילול אוכלוסית העולם באופן מלאכותי: עשירים בעלי אג'נדה שטנית מתוך פחד מכמות המסה האזרחית וחשש להישרדותם, יממנו ממשלות, אנשי רפואה, בתי חולים ותעמולת מדיה שקרית עולמית, במטרה לדלל את אותה כמות אוכלוסיה בתהליך קצר של 10 שנים, במקום 200 שנה וזאת בעזרת תעמולה למגפה שקרית המחייבת חיסונים שיתבררו כרעילים, שיובילו למילוני הרוגים ונפגעים. כאוס שיוביל לגילוי אמת וזעם ציבורי שיחסל ממשלות וכל כוח יחידני.

כל כאוס נוצר בידי הבריאה, כדי ליישם את תכניתה ולגרום לציבור להפסיק להאמין במערכות המושחתות, לחסל ממשלות, כוח יחידני, אנשים מושחתים, סוחרי אדם, סוגדי שטן, פדופילים, צורות חיים אפלות, להשמיד מנהרות מתחת לאדמה, להסיר גבולות, לטובת איחוד האזרחים, להקים קהילות וליצור מערכות חלופיות קהילתיות, זולות, אמינות וידידותיות, המעניקות זכויות וחופש לאדם.

סיום שליטת ממשלות מושחתות

עם כניסת האנושות לעידן הדלי, תציף הבריאה את כוכב הארץ בתדרים מעודנים ותובנה חדשה לחקר, גילוי וחשיפת האמת שהוסתרה מהאנושות למשך אלפי שנים מטעם צורות חיים אגואיסטיות מהחלל ועשירים שטניים שגנבו את הידע המתקדם, מאגרי הטבע והעושר העולמי, ניהלו בכספם לרעה את העולם והשתלטו על ממשלות- ששלטו על האזרחים בעזרת חיסוני חובה, חוקים, מיסים, מערכת משפט מושחתת, עונשים ובתי כלא.

כיום ניתן בקלות לשלוט על מרבית בני אדם, שהורגלו להאמין למדיה העולמית ולממשלות הממומנים ע״י עשירים מושחתים המשתמשים בתעמולה פסיכולוגית לפלג, להסית, לעצב דעות ולהשתיל מחשבות. כך שולטת הממשלה על מרבית האזרחים, הבוטחים בה באופן עיוור מבלי לחקור או לחשוד.

אזרחים הורגלו להאמין שממשלתם בפועלת מתוך דאגה לצרכיהם. לקראת כניסת עידן הדלי, יתעורר הציבור לאחר שהונאה רפואית עולמית תתגלה ותחשוף את תכנית העשירים המושחתים השולטים בכל ממשלות העולם. ממשלות מדללות את האוכלוסיה כי חוששות מהמסה של האזרחים שיביאו לחיסול עשירים וממשלות.

אזרחים הורגלו לתרמית ממשלתם, כגון:

- <u>מערכות הבחירות</u> בעולם היו מזוייפות.

- <u>נציגי ציבור מושחתים</u>- המתפרנסים מהמיסים של משלם הציבור ודואגים לכיסם ומקורבים, לעיתים הם יכולים ׳להיבחר׳ בקלות, להחזיק במשרתם ממושך, מבלי יכולת לפטר אותם מידית על ידי הציבור שבחר בהם וממנן אותם.

- ממשלות, עיריות ומשרדי ממשלה מושחתים- מתקיימים מגניבת מסים מהאזרחים. אנו נפרדים מעידן הדגים השקרי לכן הכל הפוך, מי שנחשב לדואג הוא בעצם האויב האמיתי והוא גלוי ולא נסתר. אזרחי העולם יגלו דרך כאוס עולמי שהאויב הגדול שלהם הן הממשלות שיתרסקו בכוח ההמונים לטובת סימני עידן הדלי הנכנס: חשיפת האמת ועשיית צדק בסדר עולמי אזרחי חדש, אי אמון, חקר עצמי, הקמת מערכות חלופיות, חופש ביטוי ותנועה בין יבשות, חיים צנועים ומוזלים, סחר חליפין והקמת קהילות ענקיות.

תום עידן השחיתות

עשירים וממשלות מושחתים שסגדו לשטן וחתרו להחליף את אלוהים, רכשו עם השנים ידע טכנולוגי לשינוי האקלים לרעה באופן מלאכותי, כדי להפחיד, לשלוט בכלכלה ובממשלות, להרוס מגורים וחקלאות על ידי יצירת אסונות טבע, כגון: חום וקור קיצוני, שטפונות, גושים של ברד מלאכותי, סופות חול, רעידות אדמה, טייפון, הוריקן וצונאמי.

בעידן הדלי הנכנס הקרמה חוזרת באופן מיידי, על ידי חשיפת האמת ועשיית צדק מיידי בידי כוחות האור והאזרחים, לכן כל ההרס שאנשי הרשע יצרו למשך שנים, ישוב לחסל אותם ואת התשתיות, המבנים והמפעלים השטניים בבעלותם.

לקראת כניסת עידן הדלי, האנושות תחשף למלחמה בין החושך לאור, בין סוגדי השטן- למאמינים באלוהים, בין עולם החומר לעולם הרוח, בין אמונה ברופאים לריפוי טבעי, בין ממשלות שיקרסו- לתקומת כוח האזרחים, בין נסתר לבין גלוי, בין שקר לאמת, בין ביטול כוח יחידני- לבין אחדות קהילתית, בין מיעוט עשירים מושחתים שיחוסלו- לחלוקת העושר לכלל האזרחים, בין בידוד האנושות לשטח קטן בכוכב העצום- ליציאה מאנטרטיקה ומפגשים עם צורות חיים נוספות.

אפריקה והודו

אוכלוסיות אפריקה והודו מונות מיליארדי אדם ונחשבות למדינות ׳כושלות׳ והסיבות לכישלון שלהן:

- אי שליטה על כמות הילודה והשכלה נמוכה.
- התנגדות לקדמה ומודרניזציה.
- שיטות מיושנות: בחינוך, בגידול חקלאי וטכנולוגיה.
- מנהגי דת מיושנים, הבדלי מעמדות ושחיתות ממשלתית.
- תרבות מיושנת של שליטה ובטלה גברית ואף שיעבוד נשים.
- בזיזת אוצרות טבע מהמדינה, ע״י ממשלות או יחידנים מושחתים.
- יצירת עבדות, מלחמות אחים ושבטים.

יבשות ׳כושלות׳ כגון אפריקה, הודו ואחרות, יקבלו מהמדינות המפותחות העשירות עזרה בהקמת תשתיות, ידע מתקדם ומענקים.

סין

מעל ביליון אזרחים סיניים נמצאים תחת משטר קומוניסטי בסין, שאינו מאפשר חופש ושיוויון זכויות לאזרחיו. העם הסיני הוא הגדול ביותר בכמות האזרחים, אך גם הפחדן ביותר! קל לשלוט באסייתים כי הם חונכו להיות ממושמעים, צייתניים, לא מתמרדים ולעיתים אף עוזרים למשטר ׳לשמור על הסדר הציבורי׳. מתוך פחד הישרדותי של המשטר בסין מפני אזרחיו, העלולים למרוד ולהפיל את השלטון, פועל המשטר בכוחנות, הקמת מתחמי כליאה והרג, זריעת פחד ושלילת זכויות, חקיקת חוקים לצמצום חופש האדם, חובת חיסונים רעילים לדילול המסה והעסקת מיליוני אזרחים כשוטרים ומרגלים בתוך העם, בדומה לפעולות שנקט היטלר במלחמת העולם השנייה.

אנו נפרדים מעידן הדגים, עידן הפחד והכוח היחידני הגברי ששלט בעולם עם כספו, ממשלות, מלוכות ועשירים מושחתים ועוברים לעידן הדלי, עידן האמת והצדק, עידן שמשיב את הכוח אל האזרחים, עידןVהאחדות, החופש, הצניעות והמחייה הזולה, לכן המשטר הקאבל הסיני יתפרק לטובת הקמת רפובליקה של העם.

מחלות נפש

עידן הדלי הרוחני (מזל האויר) יביא עמו התעדנות של תדרים הכוח והאלימות, רוחניות בשיאה, ריפוי באנרגיות, תדרים וציוד חוצני, כאשר הציבור יאבד אמון במערכות הקיימות המושחתות ויפנה לעזרה להילרים, מדיומים ושיטות טבעיות לריפוי הגוף והנפש.

עידן הדלי הינו ממזלות האוויר, שמים וחלל, לכן בעידן זה תפגיש הבריאה את האנושות בכוכב עם צורות חיים אחרות.

הבריאה תעניק כוח לממשלות ועשירים מושחתים לקדם את תוכניתם השטנית בעזרת תעמולת המדיה והונאה רפואית ולבשר על ׳מגפה׳ עולמית, שבעקבותיה יפנו אזרחים תמימים להתחסן בחיסונים רעילים, יפגעו ואף ימותו.

הכל נעשה במטרה להפעיל את תכנית הבריאה:

לחשוף בפועל את האמת בפני הציבור שיאבד אמון במערכות הקיימות, ירסק ממשלות ואת המערכות השקריות- לטובת הקמת מערכות קהילתיות חדשות, שיטות ריפוי טבעיות ואף טיפול בעזרת חוצנים, כך יוכלו צורות חיים שונות לחשוף עצמם לאנושות מבלי לייצר פחד או להיות מותקפים על ידם אלא להתקבל בברכה על ידי האנושות. חוצנים שונים יעזרו לנקות ולרפא את גופם של בני האדם, בעלי החיים וכל הטבע סביב, ממרבית הרעלים שהוחדרו אליהם על

ידי ממשלות ועולם הרפואה הרצחני. כך יתנקה העולם מכוח יחידני, ממשלות, מושחתים, סוחרי אדם, קאבל, מבני הרפואה, סגל רפואי וכו׳, לקראת כניסתו הרשמית של עידן הדלי שיחל בשנת 2106.

לקראת כניסת עידן הדלי, העולם יתנקה מכל מושחת ומשעבד:

- <u>תרופות פסיכיאטריות</u> יוצאו מחוץ לחוק, כי יוכחו כגורמות נזק וממכרות, לטובת חיים ללא חיסונים, הדברות, ריסוסים ורעלים, עם מכשור טכנולוגי מתקדם לאיזון הגוף ונפש האדם.
- <u>פסיכולוגים ופסיכיאטריים</u> יוצאו מחוץ לחוק, מכיוון שהם נטולי יכולת רוחנית (כשל מדיום והילר) לאבחן את גלגולי העבר של האדם, להבין את שיעורו, ייעודו והתיקון שעליו לסיים בגלגול הנוכחי. כפי שהם לעולם לא יוכלו להבחין אם המטופל דובר אמת או שקר בסיפוריו, על פיהם הם לייעצים ולהעניקים לו תרופות.
- <u>חולי נפש</u>- כליאתם במוסדות תאסר. חולים אלו סובלים מקרעים בהילה ויוכלו לקבל עזרה רוחנית ונפשית ממדיומים והילרים, בשילוב טכנולוגיה חוצנית מתקדמת בכפרי ריפוי בטבע בשילוב אומניות, צלצלים, תדרים, צורות חיים שונות וחיות.

11. השכלה, ידע וחינוך. מהפכת הלימוד העולמי.

מזל הדלי יתקן - את הרס עידן הדגים:

לקראת כניסת עידן הדלי, הציבור, ההורים, התלמידים והסטודנטים יסבלו מפגיעה בחופש וזכויות האדם, לכן יתעוררו, יחשפו הונאות ויאבדו אמון במערכת החינוך הקומוניסטית הנשלטת בידי ממשלה, ששולטת בתוכן הלימודי דרך שטיפת מוח ללא חשיבה יצירתית או שונה, קובעת את הרף לקבלת תעודות, תארים וציונים ושולטת במורים ובמרצים הנמצאים תחת מעקב המפקחות. מעגלי שליטה.

מהפכת החינוך

תכנית הבריאה: לייצר כאוס עולמי שיפגע בחופש האדם של האזרחים כדי שיאבדו אמון ויקימו חלופות מתקדמות, לכן הבריאה 'מתעללת' בהורים וילדיהם, במטרה שיכעסו ויאבדו אמון במערכות המושחתות, יתלכדו ויבנו מערכות חינוך חלופיות עצמאיות לטובת העשרת ידע האדם בשיטות לימוד חדשות, לקידמת הדורות הבאים.

חינוך מגיע מהבית. מערכת החינוך אינה מחנכת, אלא מעשירה בידע אחיד בעזרת שטיפת מוח במטרה להפוך את האזרחים לצייתנים נטולי חשיבה ויצירה חופשית ושונה.

בעידן הדלי יבוטלו משרדי החינוך. בתי הספר, הכיתות, הציונים והתארים. המושג 'תלמיד' יתחלף לטובת 'ידען'. כל ידען יוכל לעבור בין קבוצות לימוד שונות על פי רמת הידע שצבר. רמת הידע והניסיון יקבעו של התקדמות הידען ולא רמת הציונים.

בעידן הדלי כל אדם הוא מורה לחיים בעל תובנות וידע. בעידן הדלי חקר האדם לא יפסק לגילוי וחשיפת האמת אודות העבר והעתיד.

ילדי העידן החדש

העולם פועל באיזון. על מנת להכניס נשמות חדשות- יש להוציא אחרות, מכיוון שכמות הנשמות ביקום היא קבועה, לכן כל נשמה שנכנסת לגוף במועד לידה- מחייבת אחרת לצאת מגוף במועד מוות.

׳תחילתה של כל יצירה- בכאוס תחילה׳, לכן הבריאה החליטה לייצר כאוס כדוגמת מלחמת העולם הראשונה, שיצרה את מלחמת העולם השנייה במטרה לייצר הרס והרג של מיליוני אדם על מנת לשחרר נשמות ולהכניס נשמות משודרגות במקומם. החל משנת 1945 נכנסו לכוכב הארץ נשמות גבוהות ומשודרגות של ילדי קריסטל ואינדיגו, בעלי חמלה, אהבה, שיטות הוליסטיות וטבעיות לריפוי בני האדם ולסביבה עם נטייה למרוד, לחשוף האמת ולייצר צדק דרך כאוס ליצירה חדשה, אלו הם ׳ילדי קשב וריכוז׳ המופלאים:

1. הגיעו להגן, לרפא ולתקן את הכוחני והמושחת. הם דעתניים, סקרניים, רגישים ללא בעיות ׳קשב וריכוז׳ אלא קשובים לסביבה.

2. הגיעו ללמד את האנושות על חמלה, אכפתיות וחדשנות.

3. הגיעו לשנות ולפרק את מערכת החינוך העולמית המיושנת ולייצר מערכות חלופיות קהילתיות בשיטות לימוד חדישות וטכנולוגיות מתקדמות וללא: ציונים, תחרות, עונשים ונוקשות, אלא סביבת לימוד והעשרה פתוחה המעודדת חשיבה, יצירה, חקר מתמיד ולימוד מעשי מכל אדם: ״אל תספר לי - תראה לי״.

ילדי אינדיגו וקריסטל

ילדי אינדיגו

לרוב הם גלגול נשמות של חוצנים בגוף אדם ותפקידם: לעזור ולקדם טכנולוגית את המדע וההמצאות לטובת האנושות.
הם גאונים, ממציאים, תחרותיים, רגישים, אכפתיים, בעלי מוח הנדסי ואנליטי מבריק במגוון תחומים, כגון: הייטק, טכנולוגיה, מדעים, מחקר, תעופה, מסחר וכלכלה ועוד. הם הגיעו כדי ללמוד לאזן בין השכל ולרגשות ואיך להתנהל בתקשורת בין אישית.

החל משנות ה60 ילדי האינדיגו האיצו את המדע והטכנולוגיה. הבריאה העניקה להם את הידע לקדם את האנושות בפיתוח מערכות מחשוב, תוכנה וחומרה ולהקים: חברות הייטק וטכנולוגיה, חברות ליצור רכבים וכלי תעופה, שכלול ומזעור אביזרים ומכשור טכנולוגי. הקמת האינטרנט והרשתות החברתיות, תשתיות לתקשורת מהירה, חשמל מהאויר, רפואת תדרים, רשתות תקשורת, לווינים ועוד.

ילדי קריסטל

לרוב הם גלגול של נשמות צעירות מלאות אור, עזרה, אכפתיות ואהבה ותפקידם: להחליף את מערכת החינוך הקיימת לטובת הקמת מבני העשרה ולימוד קהילתיים בידי ההורים והקהילה.
עם התפתחות האנושות, גרם האדם להרס על ידי ניצול והרס מבנים ומאגרי הטבע, הרג של בני אדם ובעלי חיים, לכן החליטה הבריאה להכניס לכוכב הארץ נשמות של ילדי קריסטל שרובם ילדי ׳קשב וריכוז׳, כשם שהקריסטל שקוף ולא מסתיר דבר- כך גם הם הם כנים ואינם מסתירים, רודפי חשיפת האמת ועשיית צדק. הם נשמות מלאות סקרנות, עקשנות ומרדנות, עתירי אנרגיה וחסרי סבלנות לשנות ומהר.

הם אוהבים, חומלים ובעלי מוסר מצפוני רק להטיב עם הסביבה, הם אוהבי טבע, חיות, מוסיקה, חופש ביטוי ויצירה וקבלת האחר.
נשמות אלו הגיעו כדי להגן, לרפא, לתקן את ההרס הסביבתי, לפתח חשיבה חדישה, ללכד את האנושות, לפרוץ גבולות, לבטל את מערכת החינוך המיושנת, לטובת הקמת תשתית העשרה ולימוד קהילתיים שיוקמו בעיקר בידי ההורים. להלן דוגמאות לפעילות ילדי הקריסטל:

צעירי שנות ה60: אם נוסיף 20 שנה לשנת 1945= נקבל את ילדי הפרחים שהביאו בשורה של אהבה: "עשו שלום ולא מלחמות".

פעילי איכות הסביבה: המצילים חיות ומאגרי טבע בים וביבשה, בחשיפת האמת וחקיקת חוקים להגנת החי והצומח.

ארגונים, אקטיביסטים וחושפי שחיתויות: החושפים את האמת, מביאים לשינוי הידע והתודעה והשבת הכוח המקורי אל האזרחים.

אזרחי העולם: המביעים דעתם ברשתות חברתיות, מתלכדים ויוצרים קהילות ומהפכות אזרחיות לניקוי העולם לקראת כניסת עידן הדלי.

הבריאה אוסרת: לסמם ולהרעיל ילדים אלו בתרופות פסיכיאטריות 'להפרעות קשב וריכוז' ולשבש את התדרים הנפלאים שלהם, במטרה להתאים אותם למערכות החינוך הממשלתיות הקומוניסטיות, שאינן מאפשרות חופש ביטוי ויצירה חופשית אלא מייצרות שטיפת מוח בעזרת תשתית כוחנית של מורות ומפקחות עם חומר לימוד אחיד כדי להפוך ילדים לאזרחים ממושמעים.
ילדים אלו הגיעו עם רמות אנרגיה ותדרים גבוהים במטרה לשאול שאלות מהותיות, לחקור ולשנות את מערכת החינוך: עם קבלת עזרה וסיוע/סייעת, כיתה קטנה, לימוד ביתי, נטישת מורים והתפרקות המערכת לטובת הקמת תשתיות לימוד קהילתיות על ידי ההורים.

הבריאה אוסרת להשתמש בתרופות פסיכיאטריות כסמים כימיקליים משבשי תודעה. תרופות אלו משבשות את תאי המוח וגורמות להתמכרות בהפיכת האדם לצרכן קבוע של תרופות שמעשירות את חברות התרופות, שמייצרות מראש ביחד עם ממשלות את המחלות במטרה לדלל אוכלוסיה, להפוך אזרחים לחולים שאינם מתמרדים ולפרנס את תעשיית הרפואה והתרופות המשרתות ממשלות וחוזר חלילה. ברגע שתרופות אלו ניתנות לילדים לצורכי 'הרגעה' בהמלצת סגל חינוכי, רפואי ו'מומחים' שגורמים לילד להפוך לזומבי למספר שעות: כדי שהמורה תספיק לשטוף מוחות ללא הפרעות, להרוס את החופש, הביטוי והיצירתיות של הילד.
כל התרופות אינן מרפאות אלא מדוממות 'הבעיה' עד לפעם הבאה.
אם תרופות היו מרפאות, אזי כמות צרכני התרופות, חברות התרופות, המכונים, הבדיקות, בתי החולים, רופות החולים והעוסקים ברפואה- היתה פוחתת עם השנים ולא עולה בהדרגה באופן תעשייתי ועצום.

כפרים לחינוך מחדש

לקראת כניסת עידן הדלי ישוחררו בהדרגה האסירים מבתי הכלא **פרט לרוצחים. אסירים הוחזקו בבתי כלא כדי 'לא להפריע לחברה'. יוצע לכל אסיר האפשרות לתקן את דרכו ולהעשיר את עצמו בידע 'בכפרים לחינוך מחדש', משם ישולו בחברה כשהפרטים על עברו יהיו חסויים לציבור, כדי לאפשר לו לפתוח דף חדש.
בעידן הדלי במידה ומהאדם ביצע פשעים- תינתן לו האפשרות לשוב ולשפר את דרכיו ב'כפרים לחינוך מחדש' לא באופן אינסופי אלא עם מגבלה ומעבר לכך- יגזר עליו עונש מוות כדי להתגלגל מחדש.

**אדם שלקח חיים בשוגג, תאונה או בכוונה- חייו ילקחו ממנו והוא יבחר את דרך הוצאתו להורג. כך יאלצו בני האדם להיות זהירים ואכפתיים זה לזה. אי אפשר למות כי הנכם כדורי אור אינסופיים.

בתי כלא ופנימיות נבנו בעידן הדגים הכוחני והמניפולטיבי כמקום להתראה, שליטה, הפחדה וענישה ממשלתית, השולטת באזרחים בעזרת תקנות וחוקים, שלעיתים פוגעים בזכויות היסוד וחופש האדם.

נכון להיום מספר האסירים העולמי הינו כ9 מיליון ומחצית מכמות האסירים בעולם הינם חפים מפשע, כאשר המערכת המשפטית העולמית לרוב נמצאת תחת מימון ושליטה של ממשלות, בעלי כוח ועשירים מושחתים. ידוע כי במדינות העולם השלישי ניתן לשחד שופטים כדי להשתחרר מהכלא ולהפחית את זמן המאסר או העונש.

בתי כלא בארה״ב הופרטו לפני עשרות שנים ומתנהלים כבתי עסק לכל דבר, לכן העונשים הם ארוכים כדי לייצר ׳תפוסה מירבית ארוכת טווח׳ ולא לצורכי התראה.

לרוב, אסירים אלו הם קורבנות עם תשתית חינוך לקויה מגיל צעיר, ללא הדרכה הורית, הכוונה או השכלה מתאימה, לכן יש לגלות כלפיהם חמלה ולא לכלוא אותם ׳מעבר לגדרות וסורגים׳, שם לרוב הם אינם משתפרים לטובה.

עם כניסת עידן הדלי תדרי האנושות יתעדנו לכן השנאה, הבורות, האלימות והכוחנות יתחלפו- בחמלה, אכפתיות, אהבה, אחווה, לימוד קהילתי, שיתוף ידע, הדרכה ותובנות לשיפור ואחדות עולמית.

12. רפואת העתיד.
ריפוי טבעי ומכשור טכנולוגי חדשני.

<u>מזל הדלי יתקן – את הרס עידן הדגים:</u>

טכנולוגיה חוצנית ורפואת תדרים

מזל הדלי הינו ממזלות האוויר וסמלו ♒ (גלים). עם כניסת עידן הדלי תשתדרג רפואת העתיד, צפויות המצאות שהוסתרו מהציבור ושכלול המכשור הטכנולוגי, כגון: שימוש בגז (אויר) לאנרגיה, מיטות לחץ, MRI, גלי אינפרה, אולטרסאונד, אולטרה סגול, קרני לייזר, שימוש במכשור תדרים לריפוי, הטענת מזון, מים, אדמה, אויר בתדרים, יצירת חשמל באופן טבעי וחינמי מהאויר, מכשור טכנולוגי חוצני לריפוי וניקוי רעלים אצל בני אדם, בעלי חיים והטבע.

לקראת תחילת עידן הדלי (מזל האויר, גז, חשמל, תדר) בעקבות הונאה רפואית עולמית שתפגע בחיי אדם, יתרומם הזעם והציבור יאבד אמון: בממשלות ומוסדותיהם, צבאות, ראשי ערים, מפעלים, מונופולים, ערוצי מדיה, תעשיית הבידור, גופים פיננסיים, מוסדות בריאות, רופאים, אחיות, קופות חולים, בתי חולים, חברות פארמה, תרופות וחיסונים, לטובת ביטול ממשלות מושחתות, התלכדות והקמת תשתיות חלופיות קהילתיות בכל תחומי החיים, גילוי וחשיפת האמת, עשיית צדק מהיר עם עונשי מוות מהירים למושחתים, פדופילים, סוחרי אדם וסוגדי שטן, מחייה זולה, תחבורה ציבורית חשמלית בחינם, חופש הביטוי והסרת הגבולות לתנועה, מגורים ועבודה בכל מקום ללא אשרות.

הבריאה תעניק לאנושות את התבונה שהכל סביב עשוי תדרים.

כפי שהסברתי בספרי הראשון 'בריאה אלוהית' הכל אינסופי וחי לנצח לכן לא ניתן להמית שום דבר, אלא רק לשנות בין מצבי צבירה:

אם תניחו חתיכה מעץ, זכוכית, מתכת, פלסטיק או בד מתחת לעדשת המיקרוסקופ, תגלו שהאטומים בתוכם זזים.
כל דשא שתקצוץ או עץ שתגדע- יצמחו מחדש.
כל אדם שנפטר- עובר ממצב צבירה חומר למצב צבירה של גז, רוח, כדור אור, לכן אי אפשר למות כי במקור הנכם כדורי אור.

רפואת עידן הדלי תשלב רפואה עתיקה וטבעית, רפואת תדרים, תדריך את האדם לרפא עצמו ואת סביבתו בשימוש באנרגיות ואינטואיציה.

הארכת חיי אדם

בעידן הדלי תוחלת החיים תתארך ובני אדם ובעלי חיים יוכלו להאריך חיים בין 200-400 שנה בעזרת מכשור חוצני טכנולוגי מתקדם, שיתקן את ההרס הגופני שיצרו חיסונים וחברות תרופות, מניעה והחלמה ממחלות, הצערת הגוף, תיקון יכולות פיזיות וזיכרון, תיקון חילוף החומרים, תיקון הפרעות בגלי מוח, נטרול כאבים נפשיים ופיזיים...

בנק ידע

בעל מאפיין חיובי: צפויה יכולת להעתקת מידע, זיכרון וידע מתאי מוח של אדם אחד, אחסון הידע בבנק ידע והעברתו לאדם אחר על ידי אלקטרודות וטכנולוגיה חוצנית- ישירות לתאי המוח. לפני פטירתו של אדם הוא יוכל לתרום את הידע שלו לבנק הידע, לטובת העשרה וקידמת האנושות לכל דורש: ידע בתחומים שונים, יכולת תחביב ופנאי, מוסיקה, שירה וניגון, בישול, שפות, חוויות, מסעות, טיולים ועוד, שיועברו בהסכמה מהאדם התורם אל בנק הידע, לצורך השאלת הידע לאחרים.

הנ"ל בעל מאפיין שלילי: יכולת זו עלולה לשמש כאמצעי כוח מטעם אנשים וגופי כוח מושחתים לשלוט באזרחים, לפגוע בחופש האדם והביטוי, גניבת ידע והעברתו ללא הסכמת האדם התורם או המקבל וכן שיבוש או מחיקת זיכרון, ידע או מידע מכל אדם.

חיסונים והונאת חברות התרופות

כל החיסונים נוצרו רעילים על ידי חברות התרופות ועל פי דרישת ממשלות לצורכי שליטה, דילול והעשרת חברות התרופות, כדלקמן:

1.אזרחים מממנים ממשלות בתשלומי מיסים וקנסות.
2.ממשלות מזמינות חיסונים רעילים מחברות התרופות במטרה לשבש את המערכת החיסונית וליצור אוכלוסיה חולה שאינה מורדת.
3. אזרחים מקבלים חיסון מיום הלידה ולאורך חייהם. החיסון מחליש את מערכת החיסון והופך אותם לצרכני תרופות קבועים עד מותם.
4.צרכני התרופות וממשלות מעשירים את חברות התרופות.
5.חברות התרופות מתעשרות ומשחדות תעשייה שלמה של רופאים, מרפאות, מכונים, בתי ספר לרפואה, קופות חולים, בתי חולים, משרדי בריאות וממשל שמתפרנסים מתשלומי מיסים וקנסות של האזרחים.

חיסונים מכילים רעלים שגורמים לתופעות לוואי, אלרגיות, חולשה, שפעות, מחלות, סרטן, אוטיזים, פגיעה עצבית /תפקודית ועוד. מאז המצאת החיסונים במכוני מחקר - נוספו שלל מחלות חדשות כגון: סכרת, לחץ דם, קרישי דם, התקפי לב, דופק מואץ, דמנציה, סרטן, אוסטאופורוזיס, אלצהיימר ועוד. מכוני מחקר הממומנים בידי עשירים וממשלות הסוגדים לשטן, הבינו שיצירת מחלות חדשות= מספקת יותר הכנסה כספית לתעשיית הרפואה ובמקביל שקט לממשלות ששולטות באזרחים חולים התלויים ברופאים ותרופות.

אנו נפרדים מעידן הדגים הגברי, הכוחני, המושחתת חובב הכסף, עידן בו התפתחה תופעת השיווק הדורסני של חברות התרופות, שיווק תרופותיהם באמצעות לוביסטים המשחדים נציגי ציבור בממשל ותועמלניות המשחדות רופאים: לספק מרשמי תרופות, זריקות, בוטוקס, חיסונים, בדיקות, ניתוחים, תרופות פסיכיאטריות ומשככי כאבים בכמויות, שלא צורך וללא פיקוח, כי: "כל המרבה הרי זה מתוגמל". הציבור מעניק אמון ברופאים ומשרדי בריאות הנחשבים "כמצילי חיים", עד לכאוס קיצוני של זלזול בחיי אדם, סחר איברים ואי לקיחת אחריות במקרים של פגיעה או מות המטופל.

בעידן הדלי הקרמה היא מהירה, הבריאה בוחנת ומשיבה עונש או תגמול לכל אדם על מעשיו במהלך חייו ולא בגלגול הבא.
כמו תמיד, הבריאה משתמשת בגורם ההרס כדי להרוס את עצמו, לכן אפשרת לרופאים תעבי בצע וכבוד לייצר כאוס בהונאה עולמית, כך שהקרמה תשוב להעיר את האזרחים לאבד את אמונם ברופאים לבטל את עולם הרפואה המושחת לטובת מעבר לריפוי קדום, טבעי, באנרגיות, תדרים וטכנולוגיה מתקדמת לריפוי מהיר שהוסתרה.

הדפסת איברי גוף

הייצור יהיה תחילה במדפסות ואחר כך במעבדות, באופן המותאם אישית לכל אדם או בעל חיים על פי סלילי הדנ"א שלו, כתחלופה לתרומת איברים שהפכה לסחר עולמי לא חוקי ושטני - לכן תאסר.

הרס בלוטת התריס

מיום המצאת הגלולה למניעת הריון, נשים הובלו בתרמית להשגת 'חופש' גופני שקרי עם תלות רפואית וזנק לשנים.
נשים רבות צורכות הורמונים במהלך חייהן, כגון: גלולות, טיפולי פוריות, התקנים תוך רחמיים ועוד.

כל ההורמונים המלאכותיים הנ"ל, פוגעים במאזן ההורמונלי הטבעי בגוף האישה ומשביתים את פעילות בלוטת התריס, שנמצאת בגוון שתפקידה לייצר הורמונים ולהפרישם אל מחזור הדם, לסייע בתפקוד תקין של המוח, הלב, השרירים ולאפשר לגוף לנצל את האנרגיה, להאיץ חילוף חומרים ולשמור על טמפרטורת גוף תקינה.
צריכת הורמונים מלאכותיים מובילה לתת-פעילות בלוטת התריס בעיקר אצל נשים וסימניה הם:

- בעיות פיריון, עלייה במשקל, האטת חילוף חומרים ועצירות.
- סרטן באזורים הורמונליים: שדיים, רחם, למפות וצוואר הרחם.
- עייפות, חולשה, בעיות פריון, בטן נפוחה ושינוי קצב לב.
- מצב רוח ירוד, דיכאון, אנמיה ואובדן החשק המיני.
- ציפורניים שבירות, נשירת שיער וקרחות בגבות.
- עור יבש, קשקשת בעור ונפיחות בפנים.
- התכווצויות וכאבי שרירים, פיברומיאלגיה ומפרקים כואבים.
- רגישות לקור וסידן נמוך (אוסטופרוזיס), בעיות שינה ובעיות זיכרון.

נשים ברחבי העולם הסובלות מהסימפטומים הנ"ל, פונות לרופאים לקבלת עזרה, הן מאובחנות בשוגג במחלות שונות/ מנותחות או מקבלות מרשמים לתרופות נוספות המטפלות בתופעות הלוואי הנ"ל ולא במקור הבעיה שידוע לרופאים המושחתים.

חברות התרופות הן הזרוע הביצועית של ממשלות לדילול אוכלוסיה.
הן משווקות את צריכת ההורמונים לנשים דרך הדילרים /הרופאים, כדי לשבש את מערכת הפיריון של האישה וכך: תפחת הילודה, דילול אוכלוסין יהיה טבעי, שליטה בבריאותן והעשרת חברות התרופות.

חברות התרופות מייצרות את הבעיה ומציעות לנשים עזרה וטיפול כגון: טיפולי הפריה, הזרעה והזרקות של עוד הורמונים, כשתעשיית הרופאים ותרופות משגשגת. מניפולציה רפואית זו הובילה ללידות מרובות של תאומים, שלישיות ויותר.

בעבר מרבית הגברים ונשים היו רזים ללא בעיות פריון כפי שיש כיום. מתחילת שנות ה70 לערך, כשהומצאה ושווקה הגלולה למניעת הריון, החלו תופעות ההשמנה, בעיות פיריון ושאר סימני תת פעילות בלוטת התריס אצל הנשים שפורטו בדף הקודם.

פגיעה באיכות הזרע

חברות התרופות הן הזרוע הביצועית של ממשלות לדילול אוכלוסיה במטרה לפגוע במערכת הפיריון של הגבר: כך תפחת הילודה, דילול האוכלוסין יהיה טבעי, שליטה בבריאותם והעשרת חברות התרופות. מערכת הרביה של הגבר נפגמת כשגבר צורך: חיסונים, תרופות, מזון מהיר וגידול חקלאי שעבר ריסוס והדברה כימיקלית, מזון תעשייתי מהונדס, חלב ומוצריו שעמוסים בהורמונים, צריכת מי שתיה המכילים פלואוריד, ריסוסים כימיקלים בשמים, עבודה בישיבה ממושכת, רכיבה, קרינה סלולרית, לחץ, סמים, עישון ועוד.
כרגיל, חברות התרופות מייצרות את הבעיה ומציעות לגברים עזרה לטיפול בבעיה בהקמת מכונים לשיפור איכות הזרע של הגבר, לקחת חלק עם בת הזוג בטיפולי הפריה, הזרעה והזרקות של עוד הורמונים, כשתעשיית הרופאים ותרופות משגשגת.

משפחות יתפרקו

עם כניסת עידן הדלי, בעקבות הונאה רפואית שתוביל לדילול כמות האוכלוסין, יתפרקו משפחות המופרדות לשבטים, (בשיטת הפרד ומשול) לטובת הקמת קהילות ותשתיות שיתופיות בערבות הדדית.

הונאת בלבול המינים

לקראת כניסת עידן הדלי מושחתים עשירים הסוגדים לשטן, השולטים בכספם בארגוני בריאות וחברות תרופות שיספקו חיסונים רעילים מלאי הורמונים (בעיקר בשלבי הילדות) כדי לשבש את המגדר המיני כדי להרוס את בריאתו של אלוהים ולבלבל בין המינים, שירגישו זרות בגופם על מנת שגברים יהפכו מינם לנשים ונשים לגברים, כשהמטרה העליונה היא: שגברים בכסות של גוף נשי, ימשיכו לשלוט בעידן הדלי של הנשים, אך הונאה זו תיכשל, הציבור יתעורר ויעשה סדר.

עידן הדלי הוא עידן הנשים שיתעצמו, ינהיגו, יתלכדו, יקימו קהילות ומערכות חלופיות. עקב ההיסטוריה בת אלפי שנים של שיעבוד הנשים בידי גברים, בעידן זה נשים לא תרצנה לחיות עם גברים ותקמנה קהילות ואף ערים לנשים בלבד. עם כניסת עידן הדלי, נשים לא תרצנה ללדת כדי לממש את החופש שלהן ללא נטל המשפחה.

מנגד, גברים רבים לא יאהבו את התרחקות והתעצמות הנשים, לכן הם ימציאו הליך פריון מלאכותי ואינקובטורים חשמליים, שיחליפו את הרחם של האישה, אך כל הליך מניפוליבי- יגרור אחריו הרס עצמי.

מוות וקבורה

בעידן הדגים ממנו אנו נפרדים התייחסו למוות כדבר נוראי. שיחות בנושא מוות הושתקו. הזכות למות בכבוד לא כובד במרבית המדינות והכנת הנפטר (בעודו בחייו) למועד מותו לא התאפשרה.

על האנושות לחגוג את שני המועדים: הלידה והמוות!
מוות ולידה הינם תחנות קבועות לכל אדם, לכן יש לחגוג את מועד כניסת הנשמה לגוף בזמן הלידה, במועד יציאת הנשימה מהגוף בזמן הפטירה. לכל יצור חי יש תאריך תפוגה!

בזמן הלידה:

בזמן הנשימה הראשונה של התינוק, נכנסת הנשמה לגוף הפיזי שבחרה וייעודה הינו להוכיח על טיבה ובכך על טיב הבריאה.

במועד הפטירה:

עוזבת הנשמה את הגוף הפיזי שבחרה וחוזרת למצבה המקורי כרוח/ כדור אור, עמוסה בידע, ניסיון וחוויות שצברה, המעידים על טיבה כרוח, בדרכה להתעלות או לרדת בהיררכית עולם החומר והרוח.

עם כניסת האנושות לעידן הדלי - יעסקו רבות בנושא המוות:

1. כל אדם יוכל לבחור במהלך חייו את סוף חייו, בחירה זו תירשם ותיושם בידי הקהילה.

2. קבורה באדמה תיאסר ותוחלף בשרפת גופה בביצוע הקהילה. האדם יוכל לבחור אם עפרו ישמר בכלי, ישוב כעפר לטבע, בעציץ או ייטמן באדמה ומעליו ינטע עץ וכו'.

3. כפי שיש כיום 'הכנה ללידה' בעזרת יועצות לידה ודולות, כך תהיה 'הכנה לפטירה' מטעם יועצי פטירה.

4. מדיומים והילרים ידריכו, יעשירו בידע ויכינו את האזרחים לקראת מועד הפטירה, בליווי שיחות ומענה לשאלות בנושאי מוות.

5. תקשור ושיחות עם צורות חיים והעברת מסרים מנפטרים בעזרת מדיומים, שיכולתם הרוחנית תהפוך טבעית לכלל.

לקראת כניסת עידן הדלי, תתפשט התובנה ברחבי בעולם:

- אי אפשר למות.. אנו לא מתים אלא מתחלפים.. כי אנו אינסופיים. ובעקבות כך הפחד יעלם ועמו המלחמות, הצבאות, האבטחה וכו'.

- חלקות אדמה יינתנו למחייה וגידול חקלאי ולא להטמנת גופות בבתי קברות.

- בבתי קברות: קברים יפתחו, גופות יוצאו ויעברו שרפה, כשאפר הגופות יושב לטבע או למשפחה.

- מצבות, טקסים וימי זיכרון יבוטלו.

- בעזרת כוחות האור, החוצנים הטובים וצבאות של המדינות שמצילות את האנושות, יתעצם כוח האזרחים, ממשלות מושחתות תתרסקנה, יבוטל כל כוח יחידני ,משטרות, מפעלים ומונופולים, העושר העולמי ילקח מעשירים מושחתים ויחולק לאזרחי העולם. נשים תנהגנה בחמלה, סובלות ואכפתיות לחיים חופשיים ומחייה זולה, חופש ביטוי ותנועה ללא אשרות, עם שלום עולמי שיחל עם כניסת שנת האור לכדור הארץ משנת 2025, גן עדן על פני האדמה. ברוכים הבאים לעידן הדלי ☺

פרק 4
השוואה בין עידן הדגים לעידן הדלי

טבלת השוואה בין עידנים - 1

נושא	מעידן הדגים	אל עידן הדלי
מזל אסטרולוגי	מים. שליטה, כוח ואגו.	אויר. חופש, חמלה וצדק.
מדע וטכנולוגיות	על גבי ובעזרת מים. הפלגה, קיטור. לחץ מים, סכרים.	רוח, גז, לחץ אויר ותעופה.
רוחניות	אמונה עם חומר: דתות, בתי תפילה, מצבות וכפיית דת.	אמונה חופשית נטולת חומר. ללא בתי תפילה או כפיה.
הנהגה	הגברים שולטים בכוח ומלחמות.	הנשים מובילות ומנהיגות לשלום עולמי ואחדות.
	רודנים, מלוכות וממשלות. שליטה עם צבא וכלי נשק.	הקמת קהילות, פירוק הנשק לטובת איחוד ושלום עולמי.
	כוח יחידני, מלוכות, ממשלות ושושלות.	כוח האזרחים, פירוק התא המשפחתי לאחר שואה יזומה לטובת קהילות.
ממשלות ומדינות	מרובות.	ממשלות זמניות עד להסרת הגבולות, אחדות האזרחים והקמת קהילות.
זכויות אדם	עבדות ואי שוויון, שפע ליחידים.	כל האזרחים בעלי שוויון זכויות, שפע לכולם.
עונשים	פנימיות, בתי כלא ומאסרים ממושכים.	כפרי חינוך מחדש, עונשי מוות.

טבלת השוואה בין עידנים - 2

נושא	מעידן הדגים	אל עידן הדלי
חינוך והשכלה	קפדני ומפוקח, ציונים ותארים.	קהילתי וטכנולוגי, 'ידענים', צבירת ידע, ללא ציון ותואר.
תרבות צריכה	שפע, מותגים וצריכה מוגברת.	צמצום הצריכה, צניעות, סחר חליפין ומיחזור.
שפה	ריבוי שפות.	שפה אחת: אנגלית.
רפואה	עשירים שולטים בממשלות, רופאים ותעשיית תרופות ליצירת חולי ודילול	מדיומים, מרפאים ברפואת תדרים, לחץ אויר, אנרגיות ומכשור רפואי חוצני לריפוי מדוייק ומהיר.
ספורט	תחרויות ופרסים, האדרת האגו.	תעודת השתתפות ללא תחרות ופרסים.
בין מדינות	הצבת גבולות, אשרות כניסה. הפרדה בין אזרחים.	הסרת גבולות ואשרות. חופש תנועה לכל האזרחים. איחוד אזרחי העולם.
הסביבה	זיהום, הרס וריקון מאגרי הטבע.	תיקון, ריפוי ושמירה על בני האדם, הטבע והחיות.
ממון	גניבת העושר העולמי בידי יחידים ושחיתות של גופים פיננסיים וממשלות.	רכישה ומסחר במתכות יקרות, סחר חליפין, מעבר לעצמאים, השבת העושר מהעשירים לאזרחי העולם.
צריכה	מוגברת, יבוא ומותגים. יצירת פסולת עודפת.	צמצום, חיים צנועים תוך שימוש בקיים ומיחזור עצמי וקהילתי.

טבלת השוואה בין עידנים - 3

נושא	מעידן הדגים	אל עידן הדלי
מחייה ועיסוק	תא יחידני / בני זוג וילדים. לרוב שכירים.	תאי מחייה קהילתיים. כולם עצמאים.
המתת חסד	אסורה ומוגבלת במרבית המדינות.	החופש למות בכבוד לכל המבקש ובכל גיל.
ילודה ואוכלוסין	עודף ילודה וללא רישיון ופיקוח.	הבאת ילדים לבעלי רישיון למסוגלות הורית.
לידה ומוות	דולה, הכנה ללידה. מניעת החופש למות.	יועצי הכנה לפטירה. החופש לבחור למות וכיצד. שיחות עם נפטרים וצורות חיים שונות.
קבורה	להיטמן באדמה/ קיר/ ארון ומצבה.	שרפת גופה והטמנת האפר בכלי, תחת עץ, חזרה לטבע.
אכילה	אכילת חיות, צריכת חלב חיות, הדברה כימיקלית, מזונות נטולי סיבים ועתירי פחמימות וסוכרים.	צמחונות, טבעונות, ללא חלב חיות, אכילה בריאה ועשירה בסיבים, ממתיקים טבעיים. הדברה ביולוגית וטבעית.
טבע	שיעבוד, התעללות, חוסר כבוד לבני האדם, חיות ולטבע.	כבוד, הגנה וחמלה לכל אשר סביב בני האדם, טבע,חיות וצורות חיים אחרות.
תדרי כוכב הארץ	תדרים נוקשים: כוח יחידני גברי, מלחמות ממשלות ושחיתויות.	תדרים מעודנים: צדק ואמת, כוח אזרחי, הנהגה נשית, אחדות, חמלה, אכפתיות, הגנה קהילתית ושלום עולמי.

דברי סיכום

מקווה שנהנתם מקריאת הספר. זכרו לא להאמין, גם לא לספר זה,
אלא לחקור וליצור אמת משלכם. קבלו את תובנות הספר כדעה
נוספת, כי לעולם לא תהיה אמת אחת כדי לאפשר לכם חופש בחירה.

למעגל החיים - אין התחלה ואין סוף,

לא ניתן להמית דבר, הכל מעגלי ואינסופי.

לכן אי אפשר למות, הנכם אינסופיים, הבוחרים לנוע במעגליות בין
מצבי צבירה: <u>רוח</u> (נשמה/כדור אור)- לחיים בגוף <u>חומר</u> בעל <u>נוזלים</u>.
במקור הנכם עשויים מרוח מגולמת בתוך גוף חומר זמני
במטרה להעיד על טיבתכם ובכך - להעיד על טיב האלוהים.

הנכם מוזמנים לבקר באתר הבית www.Gali4u.com
- לקרוא את שאר ספריי, באתר עברית או באתר אמזון,
בעברית, אנגלית, רוסית, ושפות נוספות:
ספר 1 - בריאה אלוהית ספר 2 - עידן הדלי ספר 3 - העתיד
ספר 4- מסרים מקלפי מיסטי וספר 5 - פירוש קלפי לנורמנד
ואשמח שתשאירו באמזון חוות דעת. Gali4u.com/eidan
- להזמין יעוץ טלפוני בשפה עברית או אנגלית.
- להאזין לשיריי בלווי תדרים, בערוץ היוטיוב: Gali Lucy
- להאזין ולרכוש את שיריי: Gali4u.com/songs
© כל הזכויות שמורות לגלי לוסי www.Gali4u.com